2022 年度辽宁省社会科学规划基金教育学一般项目(L22BED014)资助

大学生创新创业教育研究

马　健　牛思琦　阎卫东　王子一　著

中国矿业大学出版社

· 徐州 ·

内 容 提 要

创新创业教育已成为推进高等教育综合改革的重要工具，对于提升大学生创业意向、推动经济进步与社会就业均具有重大的现实意义。主编结合高校大学生创新创业工作实际，系统地阐述了大学生创新创业的理论价值和现实意义。全书共分为六章，其中第一章为大学生创新创业概述，第二章阐述了大学生创新创业价值观的培育内涵和策略，第三章研究了大学生创新创业能力的培养机制，第四章进行了大学生创新创业教育体系构建，第五章阐述了大学生创新创业与就业教育的关系，第六章分析了大学生创新创业教育与思想政治教育之间的关系。

图书在版编目(CIP)数据

大学生创新创业教育研究 / 马健等著. —徐州 ：中国矿业大学出版社，2023.5

ISBN 978－7－5646－5840－3

Ⅰ. ①大… Ⅱ. ①马… Ⅲ. ①大学生－创业－研究 Ⅳ. ①G647.38

中国版本图书馆 CIP 数据核字(2023)第 096463 号

书　　名　大学生创新创业教育研究

著　　者　马　健　牛思琦　阎卫东　王子一

责任编辑　杨　洋

出版发行　中国矿业大学出版社有限责任公司

(江苏省徐州市解放南路　邮编 221008)

营销热线　(0516)83885370　83884103

出版服务　(0516)83995789　83884920

网　　址　http://www.cumtp.com　**E-mail**:cumtpvip@cumtp.com

印　　刷　苏州市古得堡数码印刷有限公司

开　　本　787 mm×1092 mm　1/16　**印张** 13　**字数** 240 千字

版次印次　2023 年 5 月第 1 版　2023 年 5 月第 1 次印刷

定　　价　52.00 元

前　言

当前，伴随着新的一轮科技革命和产业革命，创新成为国际竞争的新赛场。想在国际竞争中制胜，就必须牢牢掌握创新主动权，创新是引领发展的第一动力。创新的竞争，本质上是人才竞争，人才已经成为支撑发展的第一资源。中国特色社会主义进入新时代，实施创新驱动发展战略，提高我国的国际竞争力，实现经济提质增效升级，亟需大批高素质的创新创业人才。教育是国之大计、党之大计。全国教育大会围绕培养"社会主义建设者和接班人"这一命题做出了深刻论述。习近平总书记特别强调，"要在增强综合素质上下功夫，教育引导学生培养综合能力，培养创新思维。"以创造之教育培养创造之人才既是服务国家发展战略的需要，也是我国高等教育创新发展和办好人民满意高等教育的需要。

创新创业是现代经济社会发展的源动力，已经成为经济增长的重要引擎之一。创业活动对经济持续发展的作用，已引起世界各国政府的高度重视。在我国，创新创业已经成为经济发展的重要驱动力，并上升为国家战略。深化高等院校创新创业教育改革，是国家实施创新驱动发展战略、促进经济提质增效升级的迫切需要，也是推进高等教育综合改革和促进高校毕业生更高质量创业就业的重要举措。在"大众创业，万众创新”的背景下，大学生的创新创业活动对于新兴产业的培育、区域经济的发展和经济转型升级等大有裨益。创新创业教育已成为推进高等教育综合改革的重要工具，对于提升大学生创业意向、推动经济进步与社会就业均具有重大的现实意义。

笔者结合高校大学生创新创业工作实际，系统地阐述了大学生创新创业的理论价值和现实意义。全书包括6章内容：第一章为大学生创新创业概述，第二章阐述了大学生创新创业价值观的培育内涵和策略，第三章研究了大学生创新创业能力的培养机制，第四章进行了大学生创新创业教育体系构建，第五章阐述了大学生创新创业与就业教育的关系，第六章分析了大学生创新创业教育与思想政治教育之间的关系。

由于笔者水平有限，书中难免有不足之处，敬请广大读者批评指正。

著者

2022年10月

目　录

第一章　大学生创新创业概述

第一节　创新与创业内涵

对任何领域的研究都要从相关的概念定义和内涵研究出发，其意义在于对所研究领域的概念内涵、研究范围和主要问题有清晰的界定。所以，本节首先需要对创新创业相关概念进行分析和界定，在此基础上才能更清楚、更明了地对新时代大学生创新创业理论进行更深入的研究。本书的理论框架建立是从相关概念的内涵研究出发的。

一、创新创业教育概念界定

（一）创新教育的内涵

创新一词在《现代汉语词典》（第 7 版）中给出的定义是“抛开旧的，创造新的”。从词义上理解，创新是在改变旧事物的基础上产生的行为，也可以这么理解，创新是对旧事物的否定与超越。创新有认识创新和实践创新两种形式，都是开拓性和突破性的活动。认识创新是获得新的认识成果的活动。实践创新是采用新的方式变革事物，从而创造具有新质的事物的活动，如果变革事物是那些没有接触过的事物，那么这种活动更具有创新性。1912 年，美籍经济学家熊彼特的著作《经济发展理论》对创新的定义做出了重要阐述，提出了著名的创新理论，他指出："创新是把一种新的生产要素和生产条件的'新结合'引入生产关系"。他提出的创新理论包括下列五种情况："一是开发新产品；二是采用新的生产方法；三是发现新的市场；四是发现新的供应来源并获得新原材料或半成品；五是创建新的工业、产业组织"。熊彼特提出的观点为创新理论的发展奠定了重要的基础。目前关于创新一词的定义在不同研究领域学者的眼中有不同的认识，不同领域的学者对创新给出了不同的定义，众说纷纭，但是大家的认识基本上指向一个共同内涵——创新是产生新事物或者新想法的活动。

经济的发展靠创新驱动，创新驱动的实质是创新人才驱动，创新人才培养的关键是创新教育。国家对创新教育的倡导，促使国内出现了研究创新教育的热潮。在对创新教育内涵的理解上，目前学术界比较统一的是关于创新教育的广义和狭义两种认识。广义的认识是：创新教育是提升学生创新素质，开展学生创新创业能力的教育活动。狭义的认识是：创新教育是培养学生创新精神、创新思维、创新人格为核心的教育活动，体现了对学生综合性、系统性能力的培养。学术界强调创新教育应以人为出发点和归宿，在提升大学生创新创业能力的同时，注重人性的净化和人格的完整，而不仅仅是提升创新创业能力。作者看来，创新行为只有在大学生具备一定能力和素质的条件下才会发生，因此创新教育追求的结果应不仅仅是创新创业能力的提高，还应该包括人的其他方面属性的提升，比如思维、人格、道德等。

（二）创业教育的内涵

创业就是创立基业，《现代汉语词典》(第 7 版)中，创业就是创办事业。1989 年，在面向 21 世纪教育国际研讨会上，"创业教育"的概念首次被提出来，科林·博尔指出，创业教育是培育一个人事业心与开拓技能的教育活动。1991 年 1 月，联合国教科文组织召开了教育革新与发展服务计划会议，在这次会议上，区分了创业教育与创业活动，提出了创业教育的广义和狭义的两个概念，指出创业教育广义上的概念与狭义上的概念既有区别又有联系。

目前，总的来说，对创业内涵的认识有广义和狭义之分。国内外对创业普遍的理解是：创业就是创办企业。这是对创业的狭义理解。狭义的创业可以是创新行为，也可以是模仿行为，只要是根据社会需求进行生产经营活动，创业者创办属于自己的企业即可称为创业。广义的创业不仅包括创办公司的行为，还包括工作人员对自我的工作有所发展、创新的行为，涵盖面更广，包括了工作过程中的每一个环节。本节提到的创业是指广义的创业。

（三）创新创业教育的内涵与特点

21世纪以来，创新创业教育概念被提出来，出现过三种比较简单的认识：把创新创业教育等同于创新教育；创新创业教育等同于创业教育；把创新创业教育等同于创新教育和创业教育两者之和。创新创业教育是在创新教育和创业教育的基础上提出来的，基于创新和创业二者密不可分、相互依存的关系，融入了创新教育和创业教育的内涵。创业意味着要创新，思维有多远，行动才能走多远，有了创新的思维，行动才会先行别人一步，占得先机，促使创业成功。在“创业”前面加上“创新”，实际上规定了创业是创新型创业，创新是创业的特质，创业活动是基于管理、服务、产品、技术、品牌、商业模式、组织、市场、渠道等方面的某个方面或者某几个方面的创新，是高水平的、符合企业运行规律的创业活动。在“创新”后面加上“创业”意味着思维上的创新要落实到行为上的创业，创新的目标是创业，创新活动最终要指向应用。创新创业教育是注重培养学生自主性和独立性，培养学生具有创新意识、创业素质，使学生有能力从事创新实践活动，开创属于自己事业的教育活动。

创新创业教育相对于传统教育来讲，具有不一样的特性，作为新的教育模式，它更符合当代社会发展的要求，更能提高高校育人质量，更有利于大学生的全面发展。概括地说，创新创业教育的特点主要包括以下几个方面：

① 创新性。创新创业教育运用新的教学理念和教学方式，有计划、有目的地培养大学生的创新意识和创新思维，培养大学生突破原有知识范围和处理方式的勇气。通过创新创业教育，大学生进行创新性想象，运用科学思维方式去探索获得新的知识、方法。

② 创造性。创新创业教育的价值是尊重个性，因材施教，结合大学生的个体特点，对不同类型的大学生采取不同的教学方式。

③ 实践性。创新创业教育不同于传统教育，非常注重实践，为大学生提供实践机会和平台，让大学生有机会体验创业的过程，能更好地帮助大学生把知识转化为能力。

二、创新创业教育理论基础

应试教育、素质教育、创新教育、创业教育有其产生的时代背景和理论基础，每一种教育模式都有其生存的土壤和需要，都具有历史意义。创新创业教育在当代被提出来，不是凭空造出来的，它是一种应当遵守的理论精神，有其理论基础和依据。具体来讲有马克思关于人的全面发展理论、马克思主义创新理论和主体性教育理论三大理论基础。

（一）马克思关于人的全面发展理论

马克思关于人的全面发展理论是贯穿马克思主义思想的一条主线，也是马克思主义研究的意义所在。马克思在人的自由、个性发展和全面发展等方面有着丰富的阐述，对后世关于人的培养理论有着极其深远的影响。马克思关于人的全面发展理论包括四大板块：第一，人的需求全面发展理论。人的需求具有多样性和层次性，不仅包括自然需求，也就是我们常说的生理需求，即衣食住行等方面的需求，还包括社会需求，也就是我们常说的能够实现自我的精神层面需求，这些需求可以被概括为生存、享受、发展创造三个层面，而人的全面发展的重要标志是人的自然需求和社会需求最终都得到满足。第二，人的能力全面发展理论。人的能力全面发展是指人的体力和智力两个方面都有发展，两个方面的能力相互制约、相互影响，都是人的全面发展的重要内容。第三，人的社会关系全面发展理论。人在本质上是一切社会关系的总和，人与人之间要进行物质交流和精神交流，当物质交流与精神交流呈现良好状态的时候，能更好地实现人的全面发展。第四，人的个性全面发展理论。每个人都是独一无二的，马克思把人分为“偶然的个人”和“有个性的个人”，人成为“有个性的个人”，也就标志着实现了人的全面发展。人的个性的全面发展与人的全面发展是紧密相连的。

创新创业教育人才培养的任务就是培养大学生具备专业的知识和技能，具备创新创业素质，人格独立并且完整，德智体美劳综合发展，最终实现大学生的全面发展。全面发展的大学生能更好地实践创新创业活动，而创新创业活动的有效开展对社会主义现代化建设至关重要。因此，马克思关于人的全面发展理论是创新创业教育的重要理论渊源之一。

（二）马克思主义创新理论

马克思被认为最早提出创新思想，虽然马克思并没有对创新理论有系统的阐述，但是马克思的很多文章中都闪现丰富的创新思想。马克思认为创新主体是人民群众，人民群众是历史的创造者和推动者；科学创新是精神意识范畴的发展，制度创新是社会关系范畴的变革，技术创新是物质生产范畴的推进，科学创新、制度创新和技术创新，三者共同作用，缺一不可，推动生产力的发展，形成了马克思创新理论。马克思创新理论非常全面、深刻，为国内外不同领域的学者进行创新理论的研究奠定了基础。马克思主义传到中国，中国的马克思主义者结合中国国情和实际，探索形成了中国化的马克思主义创新理论，并进行了实践，推动了中国社会的发展。马克思提出，生产力包括科学，科学创新和技术创新能够推动生产力的发展。马克思的这一思想得到实践检验，被证明是科学的思想，受到中国共产党领导人的重视，他们无不认可科技对社会发展的作用，无不重视科技创新的作用，并提出了一系列的关于科技创新的思想路线和指导思想，这些理论、方针、路线的落脚点为创新人才的培养，由创新型人才推动科技创新，进而推动社会发展。由此可以总结出马克思主义创新理论的一个重要观点，创新靠人才，即创新型人才。马克思主义创新理论对创新型人才培养的关注，奠定了创新创业教育的理论基础。马克思主义创新理论关于科技创新有着深刻的阐述，具有很高的理论价值和实践价值，奠定了高校教育培养创新人才的理论基础，对高校教育工作的开展具有很强的指导意义。

（三）主体性教育理论

主体性教育理论反对灌输式教育，不赞成没有区别的教育模式，认为这种教育模式不尊重学生，压抑了学生个性，不利于学生创新思维的培养，束缚了学生的主动性、积极性；主张应以学生为教育活动的中心，解放学生的天性，引导学生主动地、积极地学习，使学生自由、全面地发展。因此，主体性教育理论是创新创业教育的理论基础。主体性教育理论包括：第一，在教育学生的过程中，教师不能将自己的意志强加给学生，或者通过命名的方式达成自己的教育目的，而应该让学生按照自己的意愿去行动，自由地发展自己的体力和智力，把学生培养成自由的人。第二，学生学习应该是主动学习，而不应该是被动地接受老师传授的知识。学生主动学习的意义是能够把外在的知识转变为自己的知识，积极主动的学习方式也有利于培养学生如何获取知识的能力。第三，学生活泼好动的天性是教育的基础。教育工作者应保护学生的天性，解放学生的天性，使学生的天性自由发展。学生活泼、好动的天性，会触发其好奇心，促使其积极、主动地学习，有利于培养好学、善学的能力。第四，学生要全面发展，包括智力、情感、身体。教育工作者应根据学生的年龄阶段和心理特征采用不同的教育方式，完成与之相匹配的教育任务，充分挖掘学生的潜能，促进学生全面发展。

三、创新与创业的关系

通过对创新与创业的概念辨析，发现创业和创新是一对既紧密联系又不完全相同的概念。因此，对于创新与创业的关系，大多数学者认为创新孕育着创业，创业充满着创新，创新与创业具有辩证的关系。

（一）国外研究成果

国外研究认为，创新就是市场需要的反应，并能够积极转化为创业的现实所需（Zhao，2001）。创新性能够显著预测创业意向（Ahmed et al.，2010）。Herbig 等认为创建一个新企业与其内在的创新的潜力达到高度相关（Herbig 等，1994）。创业和企业的创新相辅相成，二者呈正相关关系（Zhao，2001）。有证据表明创业者比其他人更具有创新性，企业成功与创新性存在积极的正相关关系（Rauch & Frese，2007）。此外，约瑟夫·熊彼特（Schumpeter）认为创业就是创新。彼得·德鲁克（Peter F. Drucker）指出创业是实践创新的表现形式。杰弗里·蒂蒙斯（Jeffry A. Timmons）开发的创业过程模型揭示了“创业活动是某种创造力的体现，创造力是创新的重要组成部分。”作为美国最具有影响力的管理学家之一的 Ichak Adizes，利用企业生命周期理论，揭示了“企业因创新精神而被创造，创新精神的消亡也注定了企业的消亡。”

（二）国内研究成果

国内学者李时椿（2008），罗月领、汪宜丹（2010），王丽明、黄士安（2013），李辉（2013）等学者认为创新与创业的关系是：

1. 创新是创业的基础

创业者在进行创业时，重要的创业资本是核心技术、创业知识、运作资金、创业团队、创新创业能力等，但其中创新创业能力是最重要的，创业者在创业过程中需要具备创新意识和创新精神，需要独特和新颖的创新思维，产生富有创意的独特想法，寻求解决问题的新的思路和方法，不断克服企业发展中的瓶颈和难题，最终能够取得创业的成功。

2. 创新的价值在于创业

创新的价值就在于将潜在的知识、技术和商机转化为产品与服务，能够创造财富，实现企业再创业，通过将创新成果商品化和产业化，实现社会财富的增值。

3. 创业蕴含着价值创新

每一次创业能够取得成功，必然存在价值创新。创业者进行创业，就是把创新的产品或让用户满意的服务通过努力将其推向市场，使财富不断增值。因此，创业是一种能够自我发展达到不断创新的过程，创新其实就是我们常说的“企业家精神”的本质。

4. 创业能深化创新

创业就是让新发明、新创造不断涌现，营造出旺盛的、全新的市场需求，使创新的经济价值、社会价值得以实现，实现科技创新的进一步深化，从而提高企业或国家的创新创业能力，推动经济转型与发展。创业的关键是创新，持续创新必然推动和成就创业。

此外，其他学者也提出了不同观点。张秀娥等认为创新创业既可以是一种包含关系，也可以是一种共存关系。王占仁分别从创业动机、创业者的创新认知、市场对创新的接受度三个视角阐述了创新与创业的关系，认为创新与创业的共同本质是创造价值，要树立追求实效的创新创业观，解放创业者思想，使创业者认识到创业无定式，但是有创造价值的规律，在创业中坚持创新原则但不排斥其他形式的创业，创造价值是检验创新创业实效的唯一标准，价值不仅包括财富，还包括社会价值和人生价值。梁宏认为创新是创业的基础，而创业推动着创新。一方面，人们生产生活方式的变革通过科技和思想观念的创新而不断进行着，为整个社会不断提供新的消费需求。

另一方面，创业活动是一种开创性的实践活动，在创业实践活动中主体的主观能动性得到充分发挥，体现了创业是人们的一种创新性活动。谷力群认为创新是创业的前提和基础，没有创新，谈何创业。创新的本质是敢于突破旧的思维和常规。创业是指创立社会、集体、个人的各项事业。创业的本质是创新，创业的过程就是不断创新的过程。

（三）创新创业的关系

创新创业是一种双生关系，也是一种相互依赖的促进关系。首先，创新创业表现为一种双生关系。创新创业二者天然地联系在一起，是不可分割的有机整体，具有直接统一性。没有创新就没有创业，没有创业也就没有创新。其次，创新创业表现为一种相互依赖的促进关系。创新是创业的引领，创业过程中新产品的开发、新材料的采用、新市场的开辟、新管理模式的推行，都必须有创新思维作为先导，才有可能成功。创业的过程，尤其是创新型创业的过程必须是一个不断创新的过程。审视当下的成功创业者，比如华为的任正非、百度的李彦宏、腾讯的马化腾等，他们都是在创新基础上实现了成功创业。在科学技术迅猛发展的今天，缺乏创新的创业必然会陷入失败的困境。创业是创新的表现形式和实践载体，创新的成果经由企业转化为现实生产力；创业又可以创造出新的创新，从而深化创新。

通过上述分析可以得出结论：创新创业既是基于创新基础去开创新的企业，也是用创业的心态、创新的思维开展本职工作，既是一种企业创建的行为方式，也是一种具有“事业心与开拓技能”的思维方法。大学生创新创业，更多的是培养大学生的创新精神、创业意识，把创新创业作为一种思维方法、生活方式贯彻于其成长全过程，在创新创业中凝聚促进自身全面发展、报效国家的强大动力。

第二节　创新创业价值观内涵

探讨新时代大学生创新创业价值观问题，首先要厘清其中所涉及的主要的概念和理论基础，这是有效把握新时代大学生创新创业价值观的基本前提。

一、价值与价值观

（一）价值

我们对于价值一词并不陌生，但是什么是价值呢？汉语中的价值，原始定义为物品交易的价格、价钱。英语中的价值源自拉丁语 valere，表示“是好的”。西方经济学中，价值用来描述物品的效用或者交换中的比价关系。而进入哲学、社会学等领域的价值，就相对抽象了。继文德尔班（Windlband）建立了价值哲学后，许多学者对价值的定义从不同角度进行了探究。罗国杰先生对学界关于价值的一般含义进行了梳理，主要为六种学说：实体说和属性说用客观事物本身或者事物所具有的属性来定义价值；人本说用人的兴趣或者需要来界定价值；意义说和效用说用客体对于主体所具有的意义或者有用性来解释价值；关系说从主体和客体的关系角度来理解价值。这些观点，对于人们科学认识和把握价值的哲学内涵都具有一定学理意义，但许多观点包含着一些不全面、不科学的因素。

对于价值的一般含义，要在马克思主义的指导下，放置在人类实践活动基础上来理解。在马克思看来，价值与“物的对人有用或使人愉快等属性”有关。同时，只有客观事物满足主体需求时，价值才表现出来。因此，价值是主客体之间一定关系的反映，表明了主体对客体的需要，客体具有满足主体需要的属性。

价值具有的相互关联的基本规定性体现在它的主体性、客观性、实践性、历史性、绝对性和相对性上。价值的主体性体现在价值满足人的需要，只存在于属人的世界中。价值的客观性体现在主客体关系中，价值与主体的需要相联系，但这不意味着价值是主观任意的，价值的存在也有其客观基础，那就是客体必须具有能够满足人的需要的属性。价值具有实践性和历史性。正是在实践的基础上，人类社会才能生存、发展。实践也是人类认识的基础，在认识、实践、再认识、再实践的过程中，人类的生活水平不断提高，实现自身价值。价值的实践性特征，又决定了它是一个历史的范畴，具有历史性。价值还具有绝对性和相对性。在人类的社会生活中，价值普遍存在。就整个人类历史发展历程来说，价值也具有恒常性和历久性。在不同的时期，人的认识和实践能力不同，会导致主体对客体有无价值以及价值大小产生不同的评价，因此，价值也是相对的，是绝对性和相对性的统一。

（二）价值观

价值观问题得到很多学科研究者的关注，哲学、教育学、人类学、社会学、社会心理学等学科的学者从不同角度进行了探索。自20世纪30年代开始，国外学者就从心理学角度对价值观进行了多种定义，如值得说（克拉克洪）、向导说（加里布埃尔）、信仰说（罗克奇）、目标说（舒伯）、标准说（施瓦茨），还有国内学术界认为的“心理倾向系统”或“思想观念总和”。总之价值观不是经验事实和科学判断，而揭示的是一种意义关系。

在哲学领域，学者们对价值观的界定也不尽相同。有学者将价值观和价值观念等同。有学者认为“价值观是人们在处理价值关系时所持的立场、观点和态度的总和。”有学者基于价值观、人生观、世界观之间的联系，提出“价值观是人生观的重要内容，也是世界观，是哲学的有机成分。”马克思主义价值观认为“价值观是主体对客体有无价值、价值大小的立场与态度”，是人们对事物的好恶、美丑、是非、好坏、善恶等观念中最核心、最稳定、最根本的内容。它最重要的功能是构成人们内心深处的评价系统，能成为人们心目中用以评量事物意义、权衡得失、决定取舍的指南。

二、大学生创新创业价值观

（一）大学生创新创业价值观的内涵

有关创新创业价值观的内涵，王占仁教授指出：“我们提出的创新创业价值观是中国特色社会主义创新创业价值观，其精髓是讲求实效、创造价值，基础是社会主义集体主义，核心是为人民服务。”该定义在价值哲学的基础上突出了创新创业价值观的中国特色社会主义本质，拓展了创新创业价值观的内涵，进一步深化了对创新创业价值观的研究。这为本书提供了很大的启发和新的研究思路。创新创业教育是我国提出的一个具有中国特色的新概念，创新创业价值观作为创新创业教育不可或缺的重要组成部分，理应体现中国特色社会主义本质。

因此，在借鉴前人的研究成果基础上，本书将大学生创新创业价值观界定为：大学生主体基于自身需求和国家、社会需要，在创新创业实践基础上，对创新创业目标的认识以及在创新创业时采取的价值判断和选择标准，是社会主义核心价值观在创新创业上的体现，以“创造价值，讲求效率公平”为出发点，以大学生个体的全面发展为最高价值理想，以是否推动社会发展和维护人民的根本利益为评价标准。

（二）大学生创新创业价值观的结构

价值观的结构是用来描述价值观体系内部诸要素之间相互联系和相关依存关系的范畴。任何价值观体现的都是一定主体的价值观，都反映主体自身一定的社会存在及生活经历。创新创业教育中的价值观主体，是在创新创业教育价值关系中，需要创新创业教育的主体。主体有什么样的需要，就决定了什么样的创新创业教育有价值。罗国杰先生认为：“根据主体范围的不同，大体可以将价值观的一般结构划分为两个层次：社会价值观和个体价值观。”根据该观点，本书将创新创业价值观分为创新创业社会价值观和创新创业个体价值观。

1. 创新创业社会价值观

创新创业社会价值观反映了国家、社会对创新创业的价值需求。创新是社会进步的灵魂，创业是推动经济社会发展、改善民生的重要途径。社会一般包括政治、经济、文化三个领域，创新创业社会价值观也相应分为创新创业的政治价值观、创新创业的经济价值观和创新创业的文化价值观。创新创业的政治价值观规定了大学生所开展的创新创业要为社会主义服务、为人民服务，要在创新创业中实现自我发展和为国家、社会服务的统一。创新创业的经济价值观就是在坚持社会主义经济制度的基础上建设市场经济，兼顾效率与公平，在创新创业教育中树立公平价值观、效率价值观和诚信价值观。创新创业的文化价值观就是在创新创业教育中注重弘扬中华优秀传统文化，彰显中国特色，形成大众创业、万众创新的创新文化，促进社会可持续发展。

2. 创新创业个体价值观

创新创业个体价值观反映了个体的价值需求——人的自由而全面的发展。创新创业教育着眼于培养具有开创性的个人，突出强调主体性，并将这种主体性转化为广大学生创新创业的主体行为、生活方式和人生态度。

3. 创新创业社会价值观与创新创业个体价值观之间的关系

个体价值观和社会价值观之间并非截然分开和对立的，而是相互依存、相互影响、相互转化的关系。创新创业社会价值观和个体价值观也是一种相互依存、相互影响、相互转化的关系。从内容上来说，创新创业社会价值观和个体价值观是相通的。创新创业个体价值观组成创新创业社会价值观，但也总是一定创新创业社会价值观之中的个体价值观。从来源上来说，客观的社会存在是创新创业社会价值观和创新创业个体价值观共同的基础。物质生活的生产方式制约着整个社会生活、政治生活和精神生活的过程。不是人们的意识决定人们的存在，相反，是人们的社会存在决定人们的意识。当前，我国实施创新驱动发展战略所需要的创新型人才，需要依靠教育培养出来。创新创业教育正是适应这种时代背景而产生的新的教育理念和模式。从生成和运行来看，创新创业社会价值观和个体价值观相互影响。创新创业社会价值观通过教化手段影响个体价值观的养成和变化，使创新创业价值观在个体层面与社会层面一致。个体是需求的直接体验者，在创新创业教育对个体的影响和其利益和需求上体现出来，并在社会成员中达到一定程度的普遍性之后，产生创新创业社会价值观的新范式。

三、新时代大学生创新创业价值观

（一）新时代的内涵与标志

十九大报告指出，中国特色社会主义进入新时代。新时代之新，在于我国进入了新的发展阶段，中华民族迎来了从站起来、富起来到强起来的伟大飞跃；新时代之新，在于我们面临着新的社会主要矛盾，即人民日益增长的美好生活需要和不平衡不充分发展之间的矛盾；新时代之新，在于我们迈向新的奋斗目标，开启全面建设社会主义现代化国家新征程。

从国内来看，这个“新时代”承前启后，是中国共产党带领中华民族夺取新民主主义革命的伟大胜利，进行社会主义革命和建设，在新的历史条件下继续夺取新时代中国特色社会主义伟大胜利，实现了“从站起来、富起来到强起来的伟大飞跃”的时代，是决胜全面建成小康社会，进而全面建设社会主义现代化强国，在全体人民共同富裕基础上不断取得实实在在的新进展，奋力实现中华民族伟大复兴的中国梦的时代。从国际来看，这个“新时代”，是我国日益走近世界舞台中央，不断为人类作出更大贡献的时代。自改革开放以来，在党的领导下，全国人民埋头苦干，在日益激烈的综合国力竞争中，紧紧抓住了发展的重要战略机遇期，牢牢掌握了加快发展的主动权，走出了一条具有中国特色的发展之路，综合国力显著增强，在国际舞台上大放异彩。特别是自党的十八大以来，习近平总书记倡导的“一带一路”建设和“构建人类命运共同体”主张，为提升世界经济发展繁荣与和平进步提供了新的平台和机遇，为寻求人类共同利益和共同价值贡献了中国智慧和中国方案，载入联合国多项决议，得到国际社会广泛认同和积极响应。新时代的中国，国际影响力、国家话语权显著提升，成为世界经济社会发展的领跑者。

（二）新时代大学生创新创业教育

经过改革开放四十多年的发展，我国的高等教育水平大幅度提高，开始进入世界高等教育发展第一方阵。创新创业教育作为新时代大学素质教育的新突破、人才培养模式的新探索，为当代大学生绽放自我、展现风采提供了新平台，为世界高等教育改革贡献了新经验。中国创新创业教育正在领跑世界，实现从就业从业教育到创新创业教育的战略转型。中国“双创”理念写入联合国决议，毕业生创业率已超过 3%，是发达国家 1.6% 的两倍。但是当前创新创业教育也存在发展不平衡不充分问题。

不平衡问题主要有：

一是创新创业实践与创新创业教育之间的不平衡。随着创新创业实践的不断深入，“互联网＋”大学生创新创业大赛自 2015 年举办以来，截至 2023 年，先后有 1 577.9 万个团队的 6 757.1 万名大学生参赛。国外高校积极参加大赛，世界前 100 强的大学中有一半以上报名参赛，包括牛津大学、剑桥大学、哈佛大学等世界顶尖名校，大赛的质量与含金量再创历史新高。作为深化创新创业教育改革的载体、促进学生全面发展的重要平台、推动产学研用结合的关键纽带，“互联网＋”大学生创新创业大赛更名为“互联网＋”大学生创新创业教育大赛，具体包括高教版块、职教版块、国际版块、萌芽版块，成为“一场真正的百国千校的国际大赛、全球最大双创教育交流平台、惊艳非凡的全球双创盛会”。与创新创业实践领跑世界、蓬勃发展形成鲜明对比的是，创新创业教育有待深化改革。尽管自 2015 年 5 月《国务院办公厅关于深化高等学校创新创业教育改革的实施意见》（以下简称《意见》)印发以来,高校创新创业教育向纵深发展,活力明显增强,但是创新创业教育依然存在着诸如与高校人才培养割裂的现象,创新创业教育质量还有待提高,还不是全过程的、全覆盖的、全链条的、面向未来的创新创业教育,创业教材还缺少深度、知识体系还有盲区,教育教学方法还很传统,中国特色创新创业教育体系还没有完全建立起来,具有明显的西方创新创业教育印记等问题,创新创业教育亟待深化改革。

二是大学生的创新创业意识和能力不能满足建设创新型国家对人才的特殊需求。当前大学生总体的创新精神、创业意识、创新创业能力和社会责任感还不强,部分大学生创新创业的目标功利化、利己性突出,与国家创新驱动发展、实现中华民族伟大复兴对人才的需求还不匹配。《意见》将创新创业教育作为深化高校改革的突破口。2015 年 10 月国务院颁布的《统筹推进世界一流大学和一流学科建设总体方案》指出要"培养拔尖创新人才",强调要"加强创新创业教育,大力推进个性化培养,全面提升学生的综合素质、国际视野、科学精神和创业意识、创造能力。合理提高高校毕业生创业比例,引导高校毕业生积极投身大众创业、万众创新。"这些文件、要求饱含了国家对高等教育加快培养拔尖创新人才能力和学生创新精神、创业意识、创新创业能力的迫切期待。

三是创新创业教育校际、区域间发展不平衡。有的地方和高校存在思想认识还没完全到位,认为创新创业教育是部分老师、学生的小范围的改革,创新创业教育是缓解毕业生就业压力的权宜之计;政策措施还不完善,有的学校没有抓住症结要害,措施制定缺乏针对性;推动力度不够,没有纳入人才培养体系,没有落实到教育教学的关键环节中等问题。创新创业教育仍然存在着一定程度的功利性、边缘化、业余教育倾向。"推进创新创业教育改革既存在'中梗阻',也存在'最后一公里'的问题"。

不充分问题主要有:

一是创新创业教育内涵发展不充分。对创新创业教育的本质理解还处于缺位状态,具体体现在片面化理解创新创业教育的内涵,功利色彩浓厚,还存在大量高校认为创新创业教育是把学生培养为创办企业、公司的创业者,而不是重点培养学生的创新精神、创业意识、社会责任感。对创新创业教育的定位呈现"边缘化",相对于学科专业教育而言,创新创业教育还没有融入人才培养体系、贯穿教育全过程，在功利性理念的支配下，为了体现高创业率、高获奖率，创新创业教育的受众面偏重于“精英式”的少数学生。创新创业教育课程群建设不足。课程设置还不成体系，数量有限、单一，没有形成有机课程群。创新创业教育与专业教育没有真正融合，特别是创新创业课程与专业课程结合不紧密，内容上更没有实现有机融合。

二是创新创业教育引导学生提升创新精神、社会责任感不充分。正因为部分高校对创新创业教育内涵认识缺位，理解片面，作为创新创业教育重要组成部分的创新创业价值观教育没有得到重视，在对学生创新精神、创业意识、社会责任感培养上认识不到位，导致引导学生提升创新精神、社会责任感不充分。

（三）新时代大学生创新创业价值观

面对新时代的历史方位，创新创业教育发展新阶段、新矛盾，需要形成与之相匹配的新时代大学生创新创业价值观。大学生为什么要开展创新创业，开展什么样的创新创业最有意义，所进行的创新创业应该具备什么样的价值立场，都需要新时代创新创业价值观的引导。

1. 新时代大学生创新创业价值观的价值意蕴

新时代大学生创新创业价值观不是无源之水、无本之木，而是根植于新时代的历史背景之中。客观的社会存在是价值观产生和发展的物质基础。伴随着中国特色社会主义进入新时代，一方面，知识经济时代凸显了创新创业精神的重要性，对人才培养提出了全新要求。正如清华大学前校长王大中所说，“大学必须改变传统的只传授现成知识的教育模式，而要树立创造性的教育思想，尤其是像清华这样的重点大学，培养学生的创新精神应该是最重要的”。另一方面，自党的十八大以来，我国实施创新驱动发展战略，在“大众创新、万众创业”滚滚浪潮中，主动适应和引领经济新常态的重要着力点，就是要通过创新创业培育新需求、形成新的经济增长点。当前，中国特色社会主义进入新时代，不单单在于科学社会主义在中国的实践开始了新的历史时期，更在于处于中华民族伟大复兴的关键时期，亟须最大限度释放全社会创新创业创造动能，不断增强我国在世界大变局中的影响力、竞争力，亟须培养大学生创新精神和创业能力，使其树立与中国特色社会主义的社会性质和时代特征相匹配的创新创业价值观，在创新创业中汇聚实现伟大中国梦的强大青春动能，这就是新时代大学生创新创业价值观出现的历史语境。

基于这一历史语境，新时代大学生创新创业价值观教育就具有了更大的价值意蕴。首先，激发大学生创新精神、增强创业能力，在创新创业中全面发展。大学生富有想象力和创造力，是创新创业的生力军和排头兵，新时代，创新创业不仅要成为大学生一种新型的就业方向、就业方式，更要成为一种价值导向、成长方式。创新创业本质上体现了人的全面发展的生命形态，是“在自己的领域内独立地进行创造”，这种创造基于人的自觉能动性，其所蕴含的生命体验，体现了对自主、自由、自觉的现实追求。其次，引导大学生树立与中国特色社会主义的社会性质和时代特征相匹配的创新创业价值观。创业内在具有“创富”的功利目的，大学生创新创业容易受到市场经济逐利性的影响，诱发创新创业中的逐利行为、个人主义、利己主义等不良行为和思想的发生。必须要以社会主义核心价值观引领创新创业，让大学生坚定理想信念，练就过硬本领，勇于创新创造，矢志艰苦奋斗，锤炼高尚品格。因此，开展新时代大学生创新创业价值观教育，能够引导大学生在创新创业中践行社会主义核心价值观，正确认识个人主义与集体主义、物质利益与理想信念之间的关系，坚定创新创业的社会主义方向和集体主义立场，使大学生创新创业必须与社会主义的基本制度相统一、必须与中华民族传统文化相适合、必须与市场经济的发展规律相吻合、必须与国家法律体系相配套。

2. 新时代大学生创新创业价值观的内涵界定

新时代大学生创新创业价值观是大学生主体基于自身需求和国家、社会需要，在创新创业实践基础上，对创新创业目标的认识以及在创新创业时采取的价值判断和选择标准，是社会主义核心价值观在创新创业上的体现，以“创造价值，讲求效率”为出发点，包含创新创业价值目标、创新创业价值评价、创新创业价值选择三个方面内容，以大学生个体的全面发展为最高价值理想，以是否推动社会发展和维护人民根本利益为评价标准。

新时代大学生创新创业价值观是社会主义核心价值观在创新创业上的体现。社会主义核心价值观“主导大学生创新创业发展方向、优化大学生创新创业运行过程、整合大学生创新创业价值诉求”，从本质上规定大学生创新创业的一元化价值导向、全心全意为人民服务的价值立场。新时代大学生创新创业是建立在自身需求和国家、社会需要的基础上，是在创新创业过程中完成自我价值实现的“小我”与为国家和人民服务的“大我”的统一，那种以单纯“创富”或者仅为一己私利的创新创业不是新时代所倡导的创新创业。

在对象范畴方面，新时代大学生创新创业价值观是大学生对新时代条件下创新创业是否满足、多大程度满足自身需求和国家、社会需要的看法。新时代大学生创新创业价值观不是大学生对创新创业本身的具体价值评价，而是对创新创业有无价值和价值大小的立场与态度的总和，而且这种“创新创业”是建立在广义的创新创业概念基础之上，是基于创新的创业，是驱动经济社会发展的力量。

在生成机制方面，新时代大学生创新创业价值观是多种因素共同作用的结果。首要的，取决于大学生个体的创新创业需要，大学生在认清创新创业价值和自身发展的基础上，会产生较强的内驱力去满足这种需要，进而在创新创业实践基础上，经过“知、情、意”等心理过程的作用，对创新创业价值认知进行选择、整合、结构化，形成创新创业价值观念。另外，任何个体的价值观都是一定时代、一定文化下的社会价值观的体现。任何一个社会都会鼓励和引导其成员去完成社会所期待的事业。国家创新创业政策法规的导向、社会创新创业文化氛围的熏陶、学校创新创业教育的引导等，也通过显性的或隐性的多种途径向社会成员灌输着与社会发展同向的创新创业价值导向，潜移默化地影响着个体创新创业价值观的生成。

在主要内容方面，新时代大学生创新创业价值观包括创新创业价值目标、创新创业价值评价、创新创业价值选择三个方面内容。创新创业价值目标是核心部分，表征创新创业主体在创新创业实践中追求的目标，回答“创新创业是为了什么”的问题。正确的创新创业价值目标应当指向自我和社会的全面发展，实现创新创业的社会价值与个体价值的统一。创新创业价值评价是创新创业主体依据一定的评价标准对创新创业活动做出判断，并以此形成自身对创新创业的态度和反应，回答“什么样的创新创业最有价值”问题。创新创业价值选择是创新创业主体在评价基础上对自己的创新创业活动进行选择的过程，回答“选择什么样的创新创业”问题。但为了更准确地表达、传递新时代大学生创新创业价值观的精神实质，落实习近平总书记对于大学生创新创业创造的指示、要求，在教育部高教司提出的创新创业教育与思政教育、智育、体育、美育、劳动教育相结合，做到“五个结合、五大平台”的建设目标下，本书对新时代大学生创新创业价值观的基本内容进行了总结，即“家国情怀、敢闯会创、勇于奋斗、崇尚劳动、创造大美”，这五个方面从五个维度构成了创新创业价值观的立体图式，家国情怀、敢闯会创、勇于奋斗、崇尚劳动在方向立场、素质要求、精神状态、认知态度方面做出具体规定，共同指向于创造大美的价值追求。

3. 新时代大学生创新创业价值观的功能属性

第一，新时代创新创业价值观具有主体性。主体性是创新创业价值观的根本属性。价值观都是一定主体的价值观，都反映主体自身一定的社会存在及生活经历。创新创业价值观的需求主体既包括大学生个体，也包括国家、社会，区分为创新创业社会价值观和创新创业个体价值观。创新创业社会价值观反映了当前国家以创新创业驱动经济发展的迫切需求。对教育来讲，创新驱动实际上就是人才驱动，就是要通过培养创新创业型人才为经济社会发展服务。2010 年，《教育部关于大力推进高等学校创新创业教育和大学生自主创业工作的意见》明确提出创新创业教育是“适应经济社会和国家发展战略需要而产生的一种教育理念与模式。”这个论述从服务国家创新驱动发展战略的角度深刻阐明了高校开展创新创业教育的价值需要。创新创业教育，通过培养规模宏大、富有创新精神、勇于投身实践的创新创业人才队伍促进社会的稳定和谐与发展进步。创新创业个体价值观反映了个体的创新创业需要。人本身就是主体性的存在，人的创新内在潜质就存在于人的主体性之中。每个创业主体因家庭背景、成长经历、需求动机、意志信念等的不同，使得创业主体的特征也不尽相同，呈现多元化、个性化特征。创业主体的不同，可能导致对创业目标确定的不同、对创业行为选择的不同，进而在创业实践活动中表现出个体性、差异化。即不同的创业者都会在自身认知和实践基础上形成具有自身特点的创业价值观，突出表现出创业价值观的主体性。创新创业教育就是要通过唤醒大学生的主体性，唤醒其潜在的创业意识，使他们在自我意识的觉醒中积极且自觉地去认识和体验，在探索和实践中充分发挥自身的创造力。

第二，新时代创新创业价值观具有超知识性。创新创业教育内容不仅包括创新创业价值教育内容，也包括创新创业事实教育内容。一方面，通过创新创业实现所需要的知识体系，为形成创新创业价值观提供一定的知识基础和选择范围，并成为价值判断的有力依据；另一方面，通过创新创业价值引导，帮助大学生进行自主体验和探索，从而形成积极、正确的价值取向。创新创业教育内容之所以要兼具价值教育和事实教育，是因为人类的知识系统只表明人们“知道什么、懂得什么”，而价值观系统则表明人们究竟“相信什么、想要什么”。知识是价值观的起点，为价值观提供一定的知识基础和选择范围，并成为价值判断的有力依据。价值观则在已有知识的基础上，指导人们按照自己的尺度进行价值判断、选择并付诸行动。而“知道什么”并不等于“就要什么”，就像大学生知道了“什么是创新创业”“创新创业如何发展”等事实观念内容，但是他不一定认识到创新创业的价值，不一定选择主动接受创新创业教育，开展创新创业实践。特别是在对创新创业没有感受和体验的情况下，创新创业价值观中所包含的理想、信念等就起不到积极的引导作用。

第三，新时代创新创业价值观具有导向性。创新创业价值观对于整个活动起着导向作用，引导着大学生对创新创业的认识，为大学生提供关于创新创业的价值目标，进而提供价值选择标准。大学生根据创新创业价值观提供的目标选择活动的对象，区分“创新创业有没有价值”“创新创业有多大价值”“创新创业有什么价值”，进而做出自己的思想和行为选择，确定行动的方向。创新创业价值观不仅引导着大学生创新创业的价值取向，也引领着大学生创新创业行为的发展方向，成为推动大学生创新创业持续发展的源动力。

第四，新时代创新创业价值观具有规范性。创新创业价值观规范约束着大学生的创新创业行为，涉及大学生该“怎样行动”的问题。一方面，创新创业社会价值观在国家、社会层面通过制度性框架、主流创新创业文化建设，对大学生的创新创业行为进行规范和引导，为大学生的活动提供规则、标准和模式，进而规范约束着大学生的创新创业行为向着正确的方向发展。另一方面，创新创业个体价值观帮助大学生在内心深处形成评价系统，以此判断创新创业行为的正当性，从而从内在规范、约束和调节着自身的创新创业行为。

第五，新时代创新创业价值观具有变化性。创新创业价值观不是一成不变的，具有发展性和动态变化性。新时代大学生创新创业价值观某种程度上是大学生对创新创业是否有价值、有何价值、价值多大的一种过程性、主体性的观念认知。这种价值观既存在个体差异性，也存在个体流变性；既存在区域性，也存在国际性。因每个人的价值观不同，创业时不同的大学生也会产生不同的创业价值观。同时，价值观也不是固定不变的，总是随着时间的变化而产生各种变化。此外，因区域不同，受当地政治、经济、文化等因素的影响，不同区域的大学生在创新创业上的认知也不同，比如长江三角洲地区大学生创新创业的热情相对较高，价值认同度高，而西北地区大学生创新创业的热情相对较低，价值认同度低，表现出一定的区域性。同时也表现出一定的国际性，受不同文化价值观的影响，中外大学生也同样存在认知上的区域差别。

第二章　大学生创新创业价值观培育

第一节　大学生创新创业价值观培育内涵

要总结出被大学生广泛认同、经得起实践和时间检验、对大学生开展创新创业实践及个人发展都有积极导向作用的价值观不是一件容易的事情。总结凝练的过程中，既要坚持科学的方法论，又要体现价值观规范化原则。

一、大学生创新创业价值观培育的主要原则

（一）坚持继承性与时代性相结合

继承弘扬民族优秀传统文化和借鉴吸取世界各国有益文化一直以来都是文化建设的永恒主题。大学生创新创业价值观的凝练，一方面要继承中华民族优秀传统文化中所包含的独立自主、崇尚理性、和而不同等有益于创新人才培养和创造力提升的丰富资源，一方面要吸收世界发达国家在创新创业教育和实践中总结出来的反映创新创业规律和价值的内容。同时，大学生创新创业价值观的凝练还要考虑时代元素。《德意志意识形态》中提到："每一个时代的理论思维，从而我们时代的理论思维，都是一种历史的产物，它在不同的时代具有完全不同的形式，同时具有完全不同的内容。"伴随着中国特色社会主义进入新时代，创新成为引领发展的第一动力，向创新创

业要活力，通过创新创业获得新的经济增长点，是现实所需，更是现实选择。创新的竞争是人才的竞争。以创造之教育培养创造之人才既是服务国家发展战略的需要，也是我国高等教育创新发展和办好人民满意的高等教育的需要。因此，新时代大学生创新创业价值观既要坚持继承与借鉴，体现民族性与世界性，又要展现新时代特点。

（二）坚持一般性与特殊性相统一

社会主义核心价值观从国家、社会、个人三个层面反映了社会主义制度的本质特征。在所有社会价值目标和价值体系中，社会主义核心价值观居于统领和支配地位，对所有公民和不同的社会群体提出了宏观价值观要求，具有一般性、广泛性、代表性的特点，体现了群体利益的最大化，是行动的准绳。大学生创新创业价值观是对创新创业认知和一定社会责任等要素结成的相对稳定的价值取向。大学生持有什么样的创新创业价值观决定了他们会以什么样的态度对待创新创业，作为创业者为社会提供什么样的产品服务以及对社会的贡献大小。大学生作为“大众创业，万众创新”的生力军，创新创业价值观关乎创新创业的良性发展，关乎中国经济的发展方向，甚至关乎“中国梦”的顺利实现。大学生创新创业价值观必须符合社会主义核心价值观的基本要求，但又需要有自身的特点，两者之间是局部与整体、特殊与一般的关系，前者被涵容在后者之中，同时又具备自己独特的时代特征和发展特征。因此，新时代大学生创新创业价值观主要内容的凝练，也应是一般与特殊的统一，一方面要体现社会主义核心价值观的基本精神与导向，另一方面要体现对大学生创新创业的价值指引。

（三）坚持理论性与实践性相一致

创新创业价值观不但要具有深刻的理论说服力、深厚的情感感召力，更要具有切实的实践操作性，才能真正被大学生普遍理解和全面掌握，真正内化于心和外化于行。理论反映现实。当前，高校创新创业教育功利化倾向、部分大学生对创新创业庸俗化的理解以及在创新创业价值目标上的功利性、自我性呼唤着创新创业价值观跳出理论，面对创新创业实践中的问题并作出有效回应。理论指导实践。新时代大学生创新创业价值观的建构，应以马克思主义的立场、观点、方法为指导，以现实问题为线索，以鲜活的创新创业活动为基础，着重破解大学生在创新创业过程中日益凸显的“重经济价值轻精神价值""重个体利益轻社会责任"等问题。新时代大学生创新创业价值观是来自现实、又要回到现实的一种价值目标，其形成和发展需要在马克思主义价值理论基础之上，从当前大学生创新创业的现实出发，不断强化创新创业价值观的理论魅力和实践效力，提升创新创业价值观的理论创造力和现实解释力。

（四）坚持理想性与现实性相呼应

创新创业价值观既然要反映创新创业的内在本质和价值目标，使大学生在创新创业中正确地对待财富、社会、发展，促使其做出正确的价值判断和行为选择，同时为高校创新创业教育提供合理的价值取向，便应当使凝练出的价值范畴既具有理想性又具有现实性。教育不仅能够促进个体发展，还能促进个体谋生。创新创业教育是"生存"教育与"发展"教育的统一。作为人的基本生活状态，"生存"是通过获得物质资料、物质利益以延续生命；而作为人的较高层次生活状态，"发展"则是通过获得意义和价值以延伸生命。创新创业本来就是一个创造价值的过程，在创新创业教育中，一方面要教给学生实现"生存"之道，一方面要帮助学生感知生活价值的意义，以实现物质财富创造与人生价值展现的统一。所以，新时代创新创业价值观的凝练，应当源于"生存"，又高于"生存"，体现"发展"。如果仅局限在"生存"上，就没有吸引力和激励作用，但是如果仅局限在"发展"上，那么就像"空中楼阁""镜花水月"一样不现实。创新创业价值观应该集"生存"与"发展"于一体，体现理想性与现实性的呼应。

二、大学生创新创业价值观培育的主要依据

深化对新时代大学生创新创业价值观主要内容的研究，有助于进一步挖掘和阐释大学生创新创业价值观的内涵，更准确地表达和传递其精神实质，但凝练主要内容也要遵循最基本的依据。

（一）社会主义核心价值观是凝练的根本依据

社会主义核心价值观作为激发全体社会成员团结奋斗的价值目标，是大学生创新创业价值观凝练的根本依据和出发点。大学生创新创业价值观是社会主义核心价值观在创新创业中的具体体现，二者是局部与整体的关系。社会主义核心价值观主导大学生创新创业发展方向、优化大学生创新

创业运行过程、整合大学生创新创业价值诉求，从本质上规定大学生创新创业的发展目标、发展准则和大学生创新创业素质标准。大学生创新创业价值观涵容于社会主义核心价值观中，是社会主义核心价值观在创新创业实践中生根发芽的发展过程和现实逻辑，体现创新创业的特点和规律，为大学生提供关于创新创业的价值目标。必须要以社会主义核心价值观引领创新创业，让大学生坚定理想信念，练就过硬本领，勇于创新创造，矢志艰苦奋斗，锤炼高尚品格。

（二）创新型国家建设迫切需要创新创业型人才是凝练的现实依据

中国特色社会主义进入新时代，实施创新驱动发展战略，提高我国的国际竞争力，实现经济提质增效升级，需要大批高素质的创新创业型人才。人才必然要对于"为什么要创新创业""什么样的创新创业最有价值""创新创业应该坚持什么样的价值立场"等问题有正确且深刻的认识，而这些问题正是大学生创新创业价值观所包含的基本内容。从本质上讲，大学生创新创业价值观的发展过程是大学生主体认知逐渐反映创新创业客观现实的过程，在这个主观与客观交织发展的过程中，大学生主体会不断地适应创新型国家建设对创新创业型人才的客观要求，以最大限度地满足自身的创新创业需求。因此，凝练大学生创新创业价值观的主要内容，要以创新型国家建设对创新创业型人才的迫切需要为现实依据，反映创新创业型人才的本质特点。

（三）创新创业实践活动的深入广泛开展迫切需要与之相适应的创新创业价值观来引领是凝练的实践依据

我国的创新创业教育虽然发展时间不长，但是取得了显著成绩，尤其在创新创业实践活动方面表现突出，比如"打造了一支中国乃至世界上最大的新锐大军，大学生创新创业大赛所聚集起来的队伍有260多万人；毕业生创业率已超过3%，是发达国家1.6%的两倍。"但是，我们在看到成绩的同时，也应该看到创新创业实践活动背后所隐藏的多样的创新创业价值取向。比如，部分大学生将"创富"作为创新创业价值目标的首选，表现出明显的利己性，过度关注自我。尽管创业内在地具有"创富"的功利目的，但是"创富"并不是创新创业的唯一目的。再比如，创新创业大赛连续举办六届，参与的大学生不断增多，但是，有的大学生出于保研加分等功利性目的参赛，而不是基于自身创新创业精神的增强。面对多样的创新创业价值取向，迫切需要与之相适应的创新创业价值观的引领。理论要为现实服务，科学凝练出大学生创新创业价值观，就必须深刻理解创新创业实践的现状特点和内在逻辑。

三、大学生创新创业价值观培育的主要内容

尽管在理论基础部分，研究论述了新时代大学生创新创业价值观的结构包括创新创业价值目标、创新创业价值评价、创新创业价值选择三个部分，但是该结构相对抽象，不易被大学生理解、记忆。本部分内容对新时代大学生创新创业价值观主要内容的凝练，非常直观、易于理解且朗朗上口。

（一）家国情怀

从古至今，家国情怀都是有识之士最浓烈的精神底色。几千年来铭刻于骨、融化于血的爱国精神使一代又一代中国人奋不顾身投入建设和保卫祖国的伟大事业中来。新时代大学生需要将这种浓烈的家国情怀在创新创业中延续和发扬。党的十九届四中全会《中共中央关于坚持和完善中国特色社会主义制度推进国家治理体系和治理能力现代化若干重大问题的决定》作为具有现实指导意义的纲领性文件，全文 31 次提及“创新”，充分说明，在实现中华民族伟大复兴的关键时期，要将创新作为解决问题的手段，推动各项事业取得创造性成果。习近平总书记指出：“青年是国家和民族的希望，创新是社会进步的灵魂，创业是推动经济社会发展、改善民生的重要途径。青年学生富有想象力和创造力，是创新创业的有生力量。”大学生在创新创业实践中必将汇聚起实现中华民族伟大复兴中国梦的强大动能，以实际行动汇入推动社会进步、经济发展、改善民生的历史洪流，作出历史性贡献。

（二）敢闯会创

创新创业教育就是要在促进创新创业实践中，帮助大学生巩固专业知识和综合知识，培养“敢闯会创”的价值观念。

敢闯，首先表现为敢为人先的精神。就是敢于尝试，敢于探索，敢于创新；就是敢于领风气之先，领潮流之先；就是有胆有识、占尽先机，取得发展的主动权。在创新创业教育中，大学生要树立敢为人先的精神，敢于突破常

规，敢想敢干，不怕失败，实现自我超越，“要有逢山开路、遇河架桥的意志，为了创新创造而百折不挠、勇往直前。”其次表现为坚韧的创业意志。创业具有很高的风险。创业的过程中会遇到诸多艰难险阻、问题障碍，只有意志坚强的人才能克服这些困难并获得最终成功。联想集团总裁柳传志先生曾在一次演讲中以联想集团为例，指出“大家要把5%的希望变成100%的现实，因为是5%而不是1%，说明还是有一定希望的，那么就要坚定不移地把它做成功。我觉得坚定不移是最为重要的。”这种坚定不移就是创业意志的体现。创业意志是大学生在创业过程中为了达到所设置的目标，有计划地克服各种困难的心理历程。创业意志所包含的“独立性、坚定性、果断性、自制力”是一种巨大的精神力量，能够促使创业活动持续、稳定发展。

会创，首先倡导创新。习近平总书记指出：“创新是一个民族进步的灵魂，是一个国家兴旺发达的不竭动力，也是中华民族最深沉的民族禀赋。在激烈的国际竞争中，唯创新者进，唯创新者强，唯创新者胜。”青年人思想活跃，精力充沛，易接受新鲜事物，是创新创业活动的主体。知名专家赵洪洲教授通过对1500—1960年间全世界1 249位科学家的研究，发现他们创新的最佳年龄段是25～45岁，最佳年龄是37岁，首次成名的年龄是33岁左右。该研究以实例证明了青年时期是创新创造的“黄金期”。而大学阶段正是为“黄金期”打基础的关键期，高校要建立行之有效的大学生创新精神培养体系，帮助学生树立创新意识，并内化为自觉追求。

（三）勇于奋斗

习近平总书记在纪念五四运动100周年大会上的讲话中指出：“新时代中国青年要勇于砥砺奋斗。奋斗是青春最亮丽的底色。今天，我们的生活条件好了，但奋斗精神一点都不能少，中国青年永久奋斗的好传统一点都不能丢。”在该讲话中，“奋斗”一词先后出现了26次，充分体现了习近平总书记对当代青年勇于奋斗的殷切期望。创新创业的过程不仅有来自外部的诸多压力和困难，也有来自创业者自身的相互矛盾情况和两难问题：“当创业者20岁时，‘驱动力与精力’最高，而‘智慧与判断力’最低，而当创业者50岁时，这两项数值则完全颠倒过来”。因此，大学生不仅要保持永久奋斗的好传统，还要在创新创业实践中不断强化“勇于奋斗”价值观，克服创新创业过程中的各种困难，在创新创业过程中不断促进自身全面发展。在创新创业过程中勇于奋斗，具体包括艰苦奋斗、公平竞争、团结协作三个方面。

（四）崇尚劳动

马克思认为，劳动既创造了人，又创造了社会，指出“生产劳动同智育和体育相结合，它不仅是提高社会生产的一种方法，还是造就全面发展的人的唯一方法”。创新创业实践是劳动的一种高级形式，创新创业教育与劳动教育相结合，就是要引导学生在创新创业实践中“辛勤劳动、诚实劳动、创造性劳动”，“感受劳动之艰、体味劳动之美，弘扬劳动精神，崇尚劳动、尊重劳动、热爱劳动，造就艰苦奋斗、锲而不舍的进取精神和爱岗敬业、精益求精的职业操守”。

首先，在辛勤劳动中不断进取。辛勤劳动是指劳动的状态。“一勤天下无难事”就指出了成功的秘诀。前面讲到创业是艰辛的，需要学习管理学、经济学等多学科知识，需要面对很多突发状况，这都需要大学生本着不怕苦不怕累的态度，勤学勤思勤练，面对困难坚持不懈，面对挫折不言败不气馁，朝着既定的目标适时调整策略，不断进取。

其次，在诚实劳动中爱岗敬业。诚实劳动是指劳动的德性。诚实守信是一种道德追求，中华民族向来有诚信的优秀传统品质，“言必信，行必果”“人而无信，不知其可也”“一诺千金”等至理名言常用来训诫人们要恪守诚信标准。作为人的基本素质，诚信被视为立身之本、处世之宝。而经济活动的发展也离不开诚信。马克思在《资本论》中就指出，“竞争和信用是资本集中的两个最强有力的杠杆”。诚信是信用制度的基础，诚信度越高，竞争力就越强，这是亘古不变的市场法则。在创新创业中，大学生必须坚守诚实守信的观念，不弄虚作假，不回避问题，以诚实劳动、爱岗敬业、严谨踏实、有责任有担当的态度和行为完成每一项工作。

再次，在创造性劳动中精益求精。对大学生开展创新创业教育，帮助其树立创新创业价值观，就是促进大学生增强创新精神，发挥自身创造性的潜力和本能，将创新创业作为一种行为方式和人生态度。大学生在创新创业中更多的是进行创造性劳动，在实施创新驱动发展的今天，创造性劳动已经成为现代经济演变的主要动力。这种劳动充满变革与创新，善于运用科学技术、知识进行改进，使人们将在劳动中发现的问题得以创造性地解决。

（五）创造大美

马克思指出："人也按照美的规律来构造。"这里所谓美的规律从生存论的角度赋予人自由之本性的大美，并且，只有实现并促进人之自由本性的活动才符合美的规律。创新创业教育的本质就是要培养"具有开创性的个人"，促进大学生的自由全面发展，正是按照美的规律在创新创业实践中完善主观世界和改造客观世界。乔布斯曾直言，苹果与其他计算机公司最大的区别是在于追求科技的同时始终保持对艺术和美的追求。当然，创新创业教育按照美的规律帮助学生完善主观世界和改造客观世界，并不仅是指有形的科技进步和产品的外观美，更重要的是，在激发大学生创造性的同时形成"创造大美"的价值观念——培育具有开创性的个人、培育具有超越性的人生境界。

第二节　大学生创新创业价值观培育策略

经过对大学生创新创业价值观生成的影响因素、关键环节、生成机制等分析可以得知：新时代大学生创新创业价值观的培育是一项系统工程，因此在培育中既要关注外部环境，又要发挥大学生主体作用；既要关照创新创业自身的特点，又要紧紧围绕价值观培育的原则。因此，新时代大学生创新创业价值观的培育，要着眼于外部环境，构建社会、学校、家庭、大学生四位一体的培育场域；要体现创新创业教育"面向全体学生""结合专业教育""融入人才培养全过程"要求，建设通识型、专业型、精英型三层分类的培育课程；要体现创新创业的实践性特征，搭建创新创业竞赛、社会实践、创业体验协同的培育平台；要为培育提供配套制度，完善制度组织、教师培育、评估激励联动的培育保障，从而将新时代大学生创新创业价值观的培育作为一种教育目标贯穿人才培养全过程。

一、构建社会、学校、家庭、大学生四位一体的培育场域

大学生创新创业价值观生成是大学生主体在社会、学校和家庭等外部因素的教育影响下，通过自觉、理性地审视和反思，在创新创业学习实践基

础上，逐步建立有关创新创业新的认知、逻辑、观念。因此，要发挥社会、学校、家庭、大学生各个方面的作用。

（一）营造以创新创业创造为风尚的社会环境

“任何一种价值观的产生和发展，都脱离不开它所处的时代及其客观的社会存在。”社会环境是培育大学生创新创业价值观的重要土壤，一个以创新创业为风尚的社会环境能够为社会成员提供价值导向，也能够为家庭教育和学校教育提供发展定位。习近平总书记指出“要营造有利于创新创业创造的良好发展环境”，为全社会创新创业创造指明了方向，提供了根本遵循。

一方面，优化利于创新创业创造的体制机制。政府部门要坚定营造创新创业创造“软环境”的决心，建立、完善有利于大众创业、市场主体创新的政策环境和制度环境。从体制机制上切实解决影响创新创业的突出问题，在中小企业、大学生创新创业上给予政策支持和提供有利条件，为创新人才松绑，给初创企业减负，为释放更大创造活力建立加速机制。

另一方面，营造鼓励大学生创新创业创造的文化氛围。社会在创新创业文化引领中发挥着导向作用，特别是媒体、网络平台的宣传，能够起到非常好的引导作用。近年来一些创业真人秀节目，如中央电视台《创业英雄汇》、江苏卫视《赢在中国》、北京卫视的《我是独角兽》等节目，广泛宣传尊重劳动、尊重知识、尊重人才、尊重创造的理念，倡导敢为人先、敢冒风险、宽容失败的新风尚，使得“人人是创业主体，人人是创业环境”的创业理念深入人心，让人们更深入地认清创新创业的本质，认识到创新创业的价值所在，进而认可大学生开展创新创业活动，并在可能的情况下给予更多的关注和帮助。

（二）创建弘扬创新创业价值导向的学校教育环境

高校的创新创教育被赋予了“高等教育综合改革突破口”的神圣使命，受到史无前例的重视。新时代大学生创新创业价值观培育是高校创新创业教育的重要组成部分，要想取得实质性的效果，也有赖于高校树立起先进的创新创业教育理念，坚持以人的发展为根本价值追求、弘扬人的主体性、能动性和开创性，实现创新创业教育由“工具导向”向“价值导向”转变、由“边缘地位”向“战略地位”转变。

1. 创新创业教育由“工具导向”向“价值导向”转变

2002 年《创业教育试点工作座谈会纪要》指出“创业教育是素质教育的一个重要方面,也是推进素质教育的一个重大举措”,“创业教育是知识经济时代培养学生创新精神和创造能力的需要,是社会和经济结构调整时期人才需求变化的需要”“应从科教兴国的战略高度来认识创业教育的重要性”“高等学校一方面要不断提高人才培养的质量和社会适应性,同时要加强对学生的创新意识、创新精神和创业能力的培养”。这也就意味着,我国的创新创业教育从起步阶段就明确了目标定位,将创新创业指向培养学生的创新意识、创新精神和创业能力。但是在教育过程中,这种目标定位并没有成为高校普遍的行为自觉,而是出现了一些功利性做法。比如,一些大学将创新创业教育的目标定位为把学生培养成“老板”的教育,还有的学校希望通过学生接受创新创业教育后去自主创业,以缓解就业指标压力。

创新创业教育的工具导向并非我国独有,蒂蒙斯早在 20 世纪 70 年代就针对美国出现的以“企业家速成”为价值取向的创业教育理念,和期望通过创业教育“克隆”大大小小的比尔·盖茨的具体教育方式进行了反思和批判。他认为“这是急功近利的创业教育思想。适应创业革命时代的大学创业教育,在教育理念方面不应如此短视。真正的创业教育应该面向未来,应当着眼于为美国的大学生设定创业遗传代码,以造就最具有革命性的创业一代作为其价值取向。”

但是,我们必须清醒地认识到,创业固然具有内在的“创富”目的,但是我们鼓励学生开展创新创业的目的并不是单纯的让学生去当老板,去“创富”,相关调研显示,近一半的学生对于创新创业的期待是挣钱、创富。因此,创新创业教育的逻辑起点和目标指向更应该是“育人”而非“谋财”,以改变学生错误的价值认知。创新创业教育固然要实现缓解就业压力、提升创业率、创造经济财富等目标,但是和其他类型的教育一样,创新创业教育要回归人的发展,在增长知识、能力的同时,更关注人性发展。作为一种先进的教育理念,是一种革命性的理念,创新创业教育本质上要求高校人才培养模式和内容的转向,即从专业型就业人才培养转向知识型创业人才培养,从以传授知识、技能为核心的工具导向以培养社会责任感、创新精神与创业能力为核心的价值导向转变。

2. 创新创业教育由“边缘地位”向“战略地位”转变

创新创业教育的“边缘化”地位是相对于学科专业教育的“主体化”而言的，主要体现在以下两个方面：一是体现在受众人群上。有的学校只是针对部分学生开设创新创业教育，将创新创业教育“精英化”，这明显有违教育部要求创新创业教育要“面向全体”的精神。二是体现在教育体系上。未能将创新创业教育“融入人才培养体系，融入教学课程体系，贯穿高等教育的全过程”，因而在机制上很难建构完整的创新创业教育体系。这正好印证了林崇德先生的观点，即“以前的学校教育体制从观念到制度、内容到方法，不能说阻碍了学生创造潜能的发挥和实现，但是至少说没有把培养学生的创造性或创造力及其相关思维和人格品质作为核心目标来追求，这是众所周知的事情。”

创新驱动发展迫切需要大批创新型人才，创新创业教育被放置于“国家实施创新驱动发展战略、促进经济提质增效升级、推进高等教育综合改革、促进高校毕业生更高质量创业就业”高度，高校必须要充分认识到创新创业教育对于我国经济社会发展的重要作用，要“把创新创业教育提升到学校发展战略的高度”，在深化改革上下一番“绣花功夫”，着眼于切实提高学生的创新活力、创业能力、社会责任感等，改变以往创新创业教育仅仅是个别部门负责、浮于人才培养之外的不受重视境况，切实实现创新创业教育由“边缘地位”转变到“战略地位”。

（三）涵养利于创新创业的家庭环境

家庭是孩子的第一所学校。在大学生个体价值观养成过程中，其父母价值观往往发挥着巨大的引领作用，大学生创新创业价值观的养成同样会受到父母的影响。对于父母或者亲戚有成功经商或者办企业经历的家庭，父母为大学生树立了创业的成功榜样，在这种创业氛围中，创业技能可以在父母或亲戚的指导下得到提升，在潜移默化的影响下，大学生对创新创业的认同感就会得到极大提高，进而促使大学生创新创业价值观的养成。对于一些没有经商经历的家庭而言，父母的观念相对传统，特别是受“学而优则仕”等传统思想影响，希望孩子能去当公务员，抑或是找到一份体面、稳定的工作，这种求稳思想必然会极大地束缚大学生创新创业价值观的养成。因此，此类家庭要积极改变观念，涵养利于创新创业的家庭环境。父母一方面要与时俱进，跟上时代的步伐，增强对创新创业的认知、理解，破除对“大学生创新创业不稳定、不体面、不务正业”等错误认识，充分认识到在创新驱动发展战略下，创新创业对于促进国家和大学生个体发展的意义。另一方面，以宽容的态度对待大学生创新创业，而不是在听到孩子要创业时就“一棍子打死”。

大学生思维活跃，喜欢追逐新鲜事物，好奇心强，易产生创新创业想法，相关调查显示，超半数大学生有创新创业意向。尽管这个比例比较高，但只是主观层面的意愿，而最终没有付诸行动的主要原因是“风险大”。受限于没有步入社会，经济上不独立、思想相对不成熟，抵抗风险的能力也相对低，大学生进行创新创业更需要父母的理解与支持。因此，父母要多倾听孩子的想法，与孩子一起分析利弊，寻找资源，共担风险。此外，当孩子创业失败时，父母也要给予理解，营造宽容失败、鼓励奋进的家庭氛围，让大学生能够在亲情的支持下走出失败，在创新创业实践中培养敢于担当、敢闯会创的价值观念，不断激发自身主动性。同时，还有非常重要的一个方面，“家庭收入高于 20 万”的学生创新创业意愿更高，但是在创新创业目标上更倾向“利益实惠”且更关注“个体利益”，在家庭教育中，父母要以身作则，并提醒大学生作为社会成员的社会责任，在创新创业过程中兼顾个人发展和国家、社会需要，不断开创生命新境界，成为“具有开创性的个人”的同时，更成为一个对国家、对社会有用的人。

（四）激发大学生创新创业价值观培育的主体自觉

主体性是价值的本质属性，价值观不能离开主体而存在。“任何理性教育，形象的感染，都是外部的客体，都只有通过主体的心理过程才能起到这样或那样的作用，如果没有主体内心的心理过程发生，任何教育都等于零”。大学生创新创业价值观的培育要发挥大学生主体性，激发其在创新创业上的主体意识觉醒和主动作为。

1. 自主学习创新创业知识

苏联教育家霍姆林斯基指出，真正的教育开始于自我教育。顾名思义，自我教育就是自己教育自己，但是这种教育是建立在主体的有意识基础上，是主体主动性、积极性在学习中的具体体现。大学生创新创业价值观不是凭空产生的，要建立在一定的创新创业知识基础之上，知识虽然不能直接被视作美德，但知识却是美德的基础，因此，大学生创新创业价值观自我教育首先开始于对创新创业知识的自主学习。特别是在信息化日益发达的今天，网络为大学生进行创新创业自主学习提供了极大的便利。创新创业慕课、创新创业典型在网络上很容易就能找到。在丰富的资源中，更需要大学生发挥主动性、积极性去学习，当然，在获得了创新创业相关知识后，还需要大学生将这些知识经过包括“感觉、知觉、记忆、想象、思维和语言等”在内的认知过程的主动加工处理，从而形成对创新创业的初步认知。具体包括：第一，专业知识。打造新时代创新创业教育的升级版，就要实现创新创业教育与德智体美劳的结合，其中就包括与专业的结合，这是促进创新创业教育深入发展的保障，因此必须加强对专业知识的学习。比如获得第四届“互联网＋”创新创业大赛冠亚军的“中云智车”“罗华材料”项目，都是与大学生的专业知识紧密相连的。一些高科技项目也是依托实验室的孵化，在风险投资商的助力下，实现真正的市场化。没有专业作为支撑的创新，即便是实现了商业化，也会因其技术成本低、科技含量低而极易被模仿，进而被淘汰。因此，强化专业知识学习，尤其是那些帮助创业活动深入发展所必需的专业知识，对于大学生创业成功与否，更是至关重要。第二，创业基础知识。创业是一项专业性很强的社会活动，必须依托专业的创办和管理企业的知识。在决定成为一名创业者时，就要选择创业机会、评估创业机会、组建团队、拟定计划书、筹措资金、企业运营和成长管理等，都需要创业者具备专业的创业知识，否则很难实现公司的筹建与运营。第三，综合知识。当今社会，人文社会科学等综合性知识发挥着越来越重要的作用。如，麻省理工学院高度重视创业教育，可以说是创业型大学的“先驱者”，在其建立之初就“用文科和实用学科一起培养学生，使他们成为所在行业的领导，而不仅是技术员”“罗杰斯这样一种培养高级企业领导人，创造重要革新而并非仅是狭隘发明的大学理想，使工程学校很早便出现了人文和科学类的学科”。显然，在创新创业过程中，大学生具备了专业知识，只能说有了进行创新创业的基础，但是，有基础不等于能创业或创业成功。创业是一个充满风险的过程，一方面，全面的综合知识能够帮助大学生在创业过程中立足，另一方面，创业应该讲求科学精神和人文精神并重，只有建立在人文关怀基础上的创新创业才是最有价值的。因此，加强对综合知识的学习能够为学生提供更为全面的知识储备，对其个性发展和创造性培养具有积极的促进作用。

2. 主动内化创新创业价值观

经过前面对大学生创新创业价值观的生成的内部动力机制的探讨，我们知道，大学生创新创业价值观首先取决于个体内在的自觉建构。当知识内化为价值观，也就是创新创业知识转化为关于创新创业的价值观念，才能发挥作用。因此，大学生在自主学习了创新创业知识后，还要经过价值整合、体认接收到心理行为，将创新创业知识内化为创新创业价值观。首先，对接收到的创新创业价值信息进行整合。这些价值信息不断地刺激着大学生主体，他必须主动地对这些信息进行分析、理解、判断，形成对创新创业的初步认知。其次，对创新创业价值信息的体验体认。体验是大学生主体对创新创业的情绪感受和实践反思，是一种认知和心理过程，因个体的不同而具有个体独特的、直观的个性特征。大学生要把这种情绪感受和实践反思融入自己的思想认知图式中，促进和强化创新创业信念的形成。体验之后，大学生会对创新创业体验结果进行选择性认同，即体认，是比体验层次更高的、包含认同接受的深层次意识活动，实现“学生对教师教学内容的重构”。再次，对创新创业价值信息的接受内化。经过对创新创业信息的认知、体认、体验，大学生获得了有关创新创业的多个维度的价值认知和体验，并对以上价值进行重新解释与建构整合，最终形成对创新创业价值的真理性认识，将创新创业信息转化为创新创业价值观念和价值判断标准，在创新创业“应该是”的价值目标指导下，实现由知到行的转化，促进创新创业行为的发展。这个过程正是大学生不断发挥主体性，实现以新的创新创业观念体系替代旧的、不科学的价值观念体系的过程，实现对创新创业更高层次的理解与认知的过程。

3. 投入创新创业积极情感

马克思认为：“人作为对象性的、感性的存在物，是一个受动的存在物。因为他感到自己是受动的，所以是一个有激情的存在物。激情、热情是人强烈追求自己的对象的本质力量。”在创新创业上的情感体验，“是创业者在创业社会实践活动中表现出来的对事业的兴趣、爱好和憎恶”，对大学生创新创业价值观的生成起着重要的催化作用。如果大学生在创新创业活动中体验到积极的情绪、情感，比如在创新创业中感受到快乐、满意、喜爱、荣耀等积极情感，他们就会主动克服在创新创业活动中遇到的困难，坚定对创新创业的追求，从而促进和强化创新创业信念的形成。反之，当他们体验到消极的情感，他们就会产生对创新创业信念的不确定，从而影响创新创业信念的形成。因此，在创新创业价值观的培育中，大学生要更多地体验创新创业的积极情感，尽管可能会了解到一些创新创业的失败案例，或者自身经历了创业的失败，也要在这些失败中汲取经验教训，克服因失败而产生的恐惧感，将其化作继续进步的动力，凝聚坚定的创新创业正能量。

4．在实践中践行创新创业价值观

价值观的生成是一个内化和外化相统一的过程，价值观必须内化为个体的价值追求、外化为个体的自觉行动，才能真正发挥作用。大学生创新创业价值观也是如此。实践正是打通主观世界与客观世界的“转换器”。刘献君教授强调社会实践的自觉能动性，认为实践发挥着创造和建设功能。他认为：“实践这一人的感性对象性活动，一方面否定并超越着人与外部世界及其关系的既定状态，另一方面则肯定和实现着人与外部世界及其关系的新的可能性，从而发挥创造和建设功能。人与世界的相互作用，相互转化，生生不息，发展日新，正是经实践不断实现的。可见，实践不仅是人的自我肯定、自我发展的手段、途径，还是人和人的世界得以同生同荣的机制和根据。大学生通过社会实践，在改变环境的过程中，认识自我，认识社会，认识自我和社会的关系，从而树立正确的奋斗目标和价值取向，认清形势，明确使命，增强社会责任感，达到改变自我的目的。”当然，这里所说的实践，涵盖范围非常广，既包括实践教育基地、创业示范基地、校友企业等社会实践，也包括参加“挑战杯 ”“创青春”“互联网＋”等大赛，既包括在校的模拟演练，也包括到大学科技园、大学生创业苗圃开展创业实践。比如，在创新创业类竞赛中，不仅创新思维、商业思维、创新创业能力得到锻炼，锤炼团队合作、项目运营等专业技能得到提升，更是促进了创新创业价值观由“观念”到“行动”的转变。“互联网＋”大学生创新创业大赛中的“红色筑梦之旅”项目不仅对接革命老区经济社会发展需求，助力精准扶贫脱贫，还为创业青年提供了传承延安精神、涵养创业精神、了解国情民情的机会。在创业模拟体验中，以软件模拟和案例分析的方式，通过角色模拟体验创新创业过程还原实战，将自身的创新创业观念与情景中可能遇到的问题相结合，并思考解决方案，随着问题的解决来肯定创新创业观念中正确的部分，修正错误的部分。

5. 进行积极的创新创业自我评价

人的认识活动和实践活动都离不开评价活动。评价活动反映了客体属性满足主体需要的状况，具有显著的主体性特征。对自身开展创新创业活动的评价影响着大学生创新创业价值观的形成。一方面，要形成正确的价值评价取向。从宏观来看，创业是推动一个国家或地区持续发展的原动力，这是被经济、管理、教育界学者反复证明了的真理。从微观来看，创新创业涉及知识广，对个人能力素质要求高，对个人的思维方式和行动能力有很好的锻炼作用，能够促进大学生全面成长。因此，对创新创业形成正确的价值评价是进行积极的自我评价的基础。另一方面，要主动开展创新创业价值观评价，积极评价自身创新创业行为对错。大学生在明确了创新创业评价的标准和尺度后，创新创业知识经过实践的转化是否上升为创新创业价值观，只有大学生自己最清楚。因此，大学生要主动开展创新创业价值观评价，思考自身创新创业行为表现是否符合创新创业价值观的价值要求，哪些需要保留巩固，哪些需要改进提升，并做出相应评价，以指导下一步的创新创业行为。

6. 形成创新创业自觉

大学生将创新创业价值观转化为几次或偶尔行为表现并不能说明成功实现了创新创业价值观教育目的，还必须要多次强化其创新创业行为，最终形成创新创业行为习惯和自觉。学者王占仁指出："创业自觉就是个体在对创业本质及规律深刻反省和科学领悟的基础上，做到自觉认同、自觉反思、自觉选择、自觉创造，强调主体自我认同与反思的'自主能力'和主动选择与创造的'自主地位'"。借用其研究成果，本书认为大学生在创新创业价值观培育的主体构建中，经过知识学习、价值内化、情感投入、实践外化、积极评价之后，还要形成创新创业自觉，通过内在自我认同与反思及外在主动选择与创造，释放出创新创业的内生动力，改变大学生在创新创业教育过程中出现的"看客"心态和做派，从而做到知行合一。

综上所述，新时代大学生创新创业价值观的培育要构建社会、家庭、学校、大学生四个方面相互配合的协同场域，发挥各方的积极作用，努力营造有利于大学生创新创业价值观生成的内外部环境，形成社会、家庭、学校、个体培育合力。

二、建设通识型、融合型、精英型三层分类的培育课程

课堂教学是大学教育的根本。对大学生而言，课堂教学是促进其形成创新创业价值观的重要途径之一，也是把“家国情怀、敢闯会创、勇于奋斗、崇尚劳动、创造大美”的创新创业价值观传递给学生的重要途径之一。具体而言，就是建设面向全体学生的“通识型”课程、与专业教育有机结合的“融合型”课程、指向创业实践的“精英型”课程，实现大学生创新创业价值观的课程培育既面向全体又分层施教，既重视全覆盖又体现个性化。

（一）面向全体学生的通识型创新创业价值观培育课程

通识型创新创业价值观培育课程面向全体学生，其目标是涵养大学生的创新精神，启蒙创业意识，其途径是把创业价值观教育融入德智体美劳教育体系中，在日常的生活学习中形成对创新创业的价值认知，改变大学生在创新创业目标上的功利性、利己性，引导其形成正确的创新创业价值观。

融入思想政治教育，就是充分利用形势政策课和思想政治教育理论课，加强党的路线方针政策教育，向广大学生讲明白“四个全面”战略布局、五大发展理念、习近平新时代中国特色社会主义等一系列治国理政的新思路、新战略和新一轮科技革命、产业革命的时代背景，使广大学生在接受创新创业价值观教育的同时，全面理解新时代中国特色社会主义发展的布局、理念、思路、措施，深刻认识到当前广泛进行创新创业教育的现实需要和个体成长需要，破除对创新创业的疑惑，更要破除当前在创新创业目标中所存在的追求“自我发展”“利益实惠”的狭隘的利己主义，形成在创新创业中个体“小我”与祖国人民“大我”有机统一的价值认知，在创新创业中彰显家国情怀。融入体育，不仅是让学生拥有创新创业的健康体魄，更要汲取体育精神营养，将永不言败、勇争第一、不怕苦不服输的奋斗精神和爱拼敢赢身心素质的塑造融入创新创业价值观教育中，砥砺广大学生在创新创业中对勇于奋斗精神的培养。融入美育，发挥美育所具有的“创造教育”功能，激发大学生的审美创造力，发现创造之美、创业之美，激发创造性，使大学生自觉成长为创新创业所需要的“具有开创性的个人”。在追求创新创业成果的同时服务人民的美好生活，在创新创业中获得人生意义，创造人生大美。融入劳动教

育，创新创业实践作为劳动教育的一种高级形式，更强调创造性劳动的重要性，因此，通过让学生在各类专业实习、岗位实习、创业体验中，热爱劳动、崇尚劳动，懂得“劳动最光荣、最崇高、最伟大、最美丽”的道理，进而造就艰苦奋斗、锲而不舍的进取精神和爱岗敬业、精益求精的职业操守，形成创新创业所必备的职业精神。融入智育，就是融入专业教育，这一部分将在下文中详细论述。

（二）与专业相结合的融合型创新创业价值观培育课程

融合型创新创业价值观培育课程也是要面向全体学生，但是与通识型创新创业价值观培育课程不同的是，该类型课程更强调学生的学科背景，其目标是更好地帮助学生“敢闯会创”，引导学生将创新创业与学科专业深度融合，实现创新创业价值观对学科专业的价值引领。

专业教育在学生的成长过程中能够帮助学生习得系统的专业性知识，其作用和地位具有不可替代性。但是综合考量学生成长所需要的知识体系，单纯的专业知识教育也存在不足之处。爱因斯坦说：“用专业知识教育人是不够的。通过专业教育，他可以成为一种有用的机器，但是不能成为一个和谐发展的人。要使学生对价值有所理解并且产生热烈的感情，那是最基本的。他必须获得对美和道德上的善有鲜明的辨别力。否则，他连同他的专业知识就更像一只受过很好训练的狗，而不像一个和谐发展的人。”大学生创新创业价值观教育与专业教育深度融合，其目的是更好地育人，通过活化学生的专业知识，立足专业开展创新活动，引导学生提升实际应用的智慧和社会责任感，弥补单纯专业教育的不足，最根本的目的是实现“价值引领”与“知识传授”的统一，培养具有开创性的全面且自由发展的个人。

一是明确培养目标。大学生创新创业价值观培育与专业教育深度融合必须要寓于专业培养方案之中，充分显现在教育教学的全过程。因此，要调整专业培养方案，将创新创业价值观教育内容融入专业培养方案，在专业教学中增强学生的创新精神、创业意识、创新创业能力的培养。

二是转变育人理念。当前新一轮产业革命和科技革命蓄势待发，拥有创新，就拥有了发展的主动权。高校也必须以创新求发展，人才培养必须要与经济社会发展、创业就业需求紧密对接。专业教师需要转变育人理念，主动承担创新创业价值观教育职责，引导学生化解在专业学习中可能存在的价值冲突。

三是创新课程设计。创新创业教育与专业教育深度融合，其实质是对学科教学过程中学科知识的一种“重构”或“再组织”，使课程兼具专业特色和创新创业内涵。教师要及时向学生反映本学科领域的前沿问题、相关产业发展的前沿成果以及在创新驱动发展战略下本专业的发展方向和路径，开展本专业热点创新性探讨和创业案例分析，鼓励学生从专业的视角挖掘创业点和搜集创业信息案例，在课堂上进行分析，帮助学生增强专业认同感、以专业服务社会的责任感、依托专业进行创新创业的使命感。另外，创新创业对知识的广度和深度要求都非常高，除了专业知识、科学精神的培养外，专业教师还要注重对学生的人文精神的教育，让学生认识到创新发展，尤其是科技创新要建立在人文精神之上，建立对国家民族、对人的生存意义、价值、精神的追求和确认上。同时，要进一步改进教学方式，将专业教育实习实践平台与创新创业实训平台结合起来，在优化资源配置的同时，既增强学生专业实践能力，又不断提高学生的创新创业能力。

四是对学生进行发展性评价。改变当前课程中的“唯分数论”，改变对学生的考核仅以考试分数为依据的方式，转向注重对学生实践能力的评价，特别是创新创业能力的评价。教师要加强对课堂的控制，注重学生运用本专业解决实际问题的能力，让学生以案例的方式分享和利用专业知识开展创新实践，进而实现对学生的发展性评价。当然，在发展性评价中也要注意差异性、多样性，可以通过学生自我评价、教师评价和考试评价相结合的方式，引导学生重视创新创业能力的培养。

（三）指向创业实践的精英型创新创业价值观培育课程

如果说，通识型和融合型创新创业价值观培育课程是为了实现全体学生的创新创业启蒙和意识唤醒，那么精英型课程则是帮助有创业意向的学生将意向转化为行动，不断磨炼其创新创业意志，在创新创业过程中建立攻坚克难、不怕失败的勇气和信心，坚定创新创业价值追求，最终在创业行为中践行这种追求，实现知行合一。此类课程一般主要针对有创新创业意向的少数学生，主要采用选修课、“创业先锋班”或者“精英班”的形式实施。具体包括：

一是从对学生的选拔上就注重创新精神。在创新创业意愿、意志品格、自制力等方面明确选拔标准，同时利用心理学知识测量学生的创业意愿和创业潜质、思辨能力和团队合作精神等，确保所选拔的均为有创业意愿的学生，为开展课程打下良好基础。对该部分学生建立创业档案，持续关注学生的创业学习和创业实践动向，对他们的创业意愿和创业能力进行全方面考察和针对性地进行培养。

二是开设基于创业的实务培训。围绕创办新企业或新事业的过程进行创业实务培训，包括创新意识和创新思维、识别机会、机会评估和创办新企业或新事业等。另外，加入创业心理学、创业伦理学、创业哲学、创业人才学等课程，让学生通过课程学习深入理解创业不仅是创立新企业或新事业，还是一种行为习惯、人生哲学。采用创业理论＋案例教学＋商业模拟＋项目孵化的实践教学方法。学生提供模拟创业机会。教师要通过联合校团委、就业指导服务中心、资助中心、各个学院等相关部门为学生在校内搭建实践平台体系，为学生创造更好的低成本、低压力的创业实践环境，进一步培养学生的创业意识，零距离接触创业，还可以组织学生参与到校内外更多的实践项目中，帮助其将所学知识转化为创新创业能力。

三是基于创业实践成果回归课堂的实践教学。建立基于问题的学习体系，精英课程班的学生通过参与创业模拟实践，每一位学员都会有在筹划的或已实施的创业项目，教师要让学员定期形成创业实践成果。成果包括创业中的项目进展、遇到的困难疑惑、期待得到的指导、实践感悟等内容，然后利用课堂专门分析每一位学员的创业实践成果，每一位学员在自己得到指导的同时也能够获得其他学员的经验分享，避免自己再犯下别人犯过的错误。在“实践—分享，再实践—再分享”的循环中，建立起“体验—思考—抽象—体验”的学习周期，在这样的学习周期中，学员们相互学习，能够一同感受获得成果时的乐趣，这会给形成创业信念极大的正向激励；也能一同分析失败的原因，互相激励，让学员能正视失败，在朋友的支持下，建立克服失败的勇气，不惧失败，也是一种信念。基于创业实践成果回归课堂的实践教学，将教学和解决问题合二为一，让学生在“做中学”中不断提高创业能力，坚定创业信念。

三、搭建创业竞赛、社会实践、创业体验三元协同的培育平台

实践是大学生创新创业价值观生成、内化、固化的必然途径。“教育与

生产实践相结合，与社会实践相结合”一直是我国教育方针的重要内涵，并被写入 2015 年 12 月 27 日修订发布的《中华人民共和国教育法》中，是在教育中应该坚持的基本原则。另外，大学生创新创业价值观培育具有实践性特点。创新创业教育强调理论与实践的联系互动，具有实践性特征。创业学习是一个从经验中学习，从与利益相关者的关系中学习，从错误中学习，从模仿、反思中学习的过程。创业实践活动是创业教育与其他教育类型之间的区别。由此决定新时代大学生创新创业价值观的培育不能局限在课堂内，而是将课程教育与实践紧密结合起来，通过以“中国‘互联网＋’大学生创新创业大赛”创业实践为引领的竞赛平台、以“青年红色筑梦之旅”为引领的社会实践平台、以“创客空间、创业园”等为载体的体验平台，充分发挥平台的协同作用，将观念层面的创新创业价值观转化为实际的创新创业行动，尤其是改变本书在第三章调研中发现的部分大学生在创新创业价值选择上存在的“知”和“行”分离现象，更好地“认识自我，认识社会，认识自我和社会的关系，从而树立正确的奋斗目标和价值取向，认清形势，明确使命，增强社会责任感，达到改变自我的目的。”

（一）以“中国‘互联网＋’大学生创新创业大赛”为引领的创业竞赛平台

创新创业教育深化改革的九项主要任务和措施中的一项就是强化创新创业实践，“举办全国大学生创新创业大赛，办好全国职业院校技能大赛，支持举办各类科技创新、创意设计、创业计划等专题竞赛。”各省份、各高校也都提出要进一步完善创新创业教育体系，搭建各类大学生创新创业竞赛平台，将创业竞赛融入体系。近年来，各类大学生创业竞赛不断涌现，呈现出体量大、参与广、种类多、影响广泛的特征，对大学生创新创业精神的培养起到了促进作用。其中影响力最大的是中国“互联网＋”大学生创新创业大赛和“挑战杯”中国大学生创业计划竞赛。

中国“互联网＋”大学生创新创业大赛在教育部的主办推动下，大赛举办六年来，累计 375 万个团队的 1 577 万名大学生参赛，300 余万名大学生踏上了“青年红色筑梦之旅”，来自五大洲一百多个国家和地区的一千五百多万大学生参赛，形成了五项重要成果，即组建了一支声势浩大的双创新锐大军、开设了一堂最有温度的国情思政大课、开设了一堂最具特色的创新大课、孵化了一大批高质量创新项目、奉献了一场惊艳非凡的双创盛会。大赛得到了党中央、国务院的高度重视和深切关怀，习近平总书记给参加第三届“红色筑梦之旅”大学生回信；首届大赛总决赛期间，李克强总理对大赛作出重要批示；第三届大赛总决赛期间，副总理刘延东参观了高校创新创业教育成果展，出席“青年红色筑梦之旅”演讲报告会。六年间，大赛已经成为覆盖全国所有高校、面向全体高校学生、影响最大的赛事活动之一，尤其是第六届大赛，克服疫情的不利影响，来自国内外 114 个国家和地区，4 146 所学校的 147 万个项目，631 万人报名参赛。中国国籍“互联网＋”大学生创新创业大赛成为一场真正的百国千校的国际大赛，极大提振了大学生创新创业的激情与热情，实现了“更国际、更教育、更全面、更创新、更中国”的办赛目标，呈现了人数多、名校多、类型多、实效多、亮点多、岗位多的六大特点。我国另外一项系统性的创新创业重大赛事是“挑战杯”中国大学生创业计划竞赛，该赛事自 1998 年在清华大学举办以来，覆盖全国高校，连续成功举办十余届。创业竞赛在深化高校创新创业教育改革、推动产学研用结合方面发挥了重要作用，同时，在提升大学生创新创业与能力、社会责任感、促进大学生全面发展上也起到了巨大作用。第四届中国“互联网＋”大学生创新创业大赛冠军得主北京理工大学“中云智车”项目负责人倪俊说，“博士毕业后会继续从事无人驾驶汽车的研究工作，为我国汽车工业发展与国防安全建设作出更大的贡献。”亚军项目厦门大学“罗化新材料”项目指导老师解荣军表示，“罗化团队的故事，是全国 64 万支参赛项目团队的一个缩影，他们身上的理想、勇气、执着和坚毅，就是当代青年学子精神面貌的生动写照”。

我们在看到创业大赛的积极作用的同时不能忽视其在某些方面存在的问题，比如重获奖轻建设、重经济价值轻社会价值、项目市场转化率低等问题。因此，必须要融入大学生创新创业价值观教育，推动创业竞赛在育人上的可持续发展。一是突出理念引领。大学生的创新创业价值观是要使大学生认识到创新创业的意义，培养大学生的创新精神、创业意识、创新创业能力和社会责任感，将创新创业作为一种人生态度、生活方式。必须要用这种理念规范约束创业竞赛的价值取向，让创业竞赛关注人的培养，而不是比赛。二是突出能力建构。重获奖轻建设必然会导致创业竞赛的“精英化”，而无法使全体学生都从中受益。因此，创业大赛要从“选拔”的单一模式转变为“培养”“选拔”并重的模式，“培养”模式旨在全员参与，以创业竞赛为手段，让学生通过竞赛体验商业实战，激发创意，提升创新创业能力。“选拔”模式可以重点培育优势项目，帮助有创业愿望的大学生通过竞赛模拟提升创业所需的各种能力的同时能够争取到成果转化支持。三是突出成果转化。成果转化是创业竞赛的延展和深化。尽管大学生创新创业价值观培养的目的不是让学生去创办企业，但是对于有愿望、有能力去创业的大学生，高校、社会还是要给予支持，为其实现创业理想提供必要的政策、资金、平台等，让这种激情转变为实实在在的创业行动。

（二）以“青年红色筑梦之旅”为引领的社会实践平台

中共中央、国务院《关于进一步加强和改进大学生思想政治教育的意见》中明确指出：“深入开展社会实践是加强和改进大学生思想政治教育工作的有效途径。”在2016年全国高校思想政治工作会议上，习近平总书记指出：“要更加注重以文化人以文育人，广泛开展文明校园创建，开展形式多样、健康向上、格调高雅的校园文化活动。”2018年5月2日，习近平总书记来到北京大学考察，对全国大学生提出“爱国、励志、求真、力行”八字要求，“力行”就是勉励大学生将学到的东西落实到行动上，做到知行合一、以知促行、以行求知。

社会实践作为链接大学与社会、促进大学生知行合一的有效育人途径，在锻炼人、教育人、培养人上发挥了重要作用。特别是中宣部、教育部、团中央等组织的暑期“大学生文化、科技、卫生‘三下乡’”和“大学生科教、文体、法律、卫生‘四进社区’”社会实践活动，受到广大学生的欢迎，每年都有数百万大学生参加，成了实践育人的品牌项目，而且社会实践的形式和内容也在随着新形势新发展的要求而不断创新。“青年红色筑梦之旅”实践活动就是在适应创新驱动发展需求、不断提高高等教育对稳增长促改革调结构惠民生的贡献度下应运而生的，被誉为一堂“有温度的国情思政金课”。

“青年红色筑梦之旅”是中国“互联网＋”大学生创新创业大赛举办的同期实践活动。该活动以革命老区发展为指针，通过创新创业活动帮助老区人民脱贫致富。据统计，2018“青年红色筑梦之旅”活动累计有2 238所高校的70万名大学生、14万个创新创业项目参与，对接农户24.9万户，企业6 109家，签订合作协议4 200多项，产生经济效益近40亿元。2019“青年红色筑梦之旅”又有近100万名大学生、23.8万个创新创业项目，对接农户

74.8 万户、企业 24 204 家，签订合作协议 1.68 万余项，产生经济效益约 64 亿元。2020“青年红色筑梦之旅”聚焦 52 个未摘帽贫困县，全国共有 132 万名学生参加，“红旅”电商直播带货活动的参与学生达 60 万人次，销售金额超过 4.3 亿元。52 个未摘帽贫困县所在的 7 省区均举办了全国线上对接活动，积极促成全国大学生聚焦贫困县开展以电商直播或创业实践为主的精准扶贫。2017 年 7 月，创业团队“小满良仓”负责人张旺发起联合其他创业团队一起给习近平总书记汇报“青年红色筑梦之旅”实践活动感受。习近平总书记亲切地给同学们回信，勉励大家“扎根中国大地了解国情民情，在创新创业中增长智慧才干，在艰苦奋斗中锤炼意志品质，在亿万人民为实现中国梦而进行的伟大奋斗中实现人生价值，用青春书写无愧于时代、无愧于历史的华彩篇章。”这是当前对新时代大学生开展创新创业最有力的价值指引，是改变当前部分大学生“在创新创业价值目标上注重‘创富’、‘自我发展’，在创新创业价值评价上过度关注自我，呈现利己性、享乐主义”的有效途径之一。

开展以“青年红色筑梦之旅”为引领的社会实践活动，能够帮助大学生了解国情民情，增强其社会责任感，坚定其对中国特色社会主义道路的认同。在对接经济社会发展中，大学生能够了解到改革开放以来我国在各领域取得的巨大成就，深刻认识社会主义强大的生命力，同时能够实际了解到现实中存在的一些短板、不足和人民需求，从而进一步明确自身所肩负的历史使命，自觉把青春梦、创新创业梦融入伟大中国梦，把自己的前途命运和祖国富强、人民富裕、民族复兴紧密联系起来，在创新创业过程中完成从自我价值实现的“小我”与为国家和人民服务的“大我”的统一，能够帮助大学生增长创新创业本领。社会实践为大学生的创新活动提供了一个良好的平台，在帮助大学生了解社会现实的同时，能够发现实践中存在的问题，促进大学生提升发现问题、解决问题的能力，提升大学生的创新创业能力；能够磨炼大学生艰苦奋斗的意志品质。实践中，大学生能够亲身体会劳动的意义和为了美好生活而努力奋斗的意义，通过在实践中感受、体验、反省、升华等心理变化，实现自身意志品质和思想道德的提升。当然，在社会实践中，也要避免活动的形式化、过场化，把好活动前的设计关和活动后的总结关，控制好开展过程，使社会实践发挥最大的育人作用。

（三）以“众创空间、创业园”等为载体的参与体验平台

大学生创新创业价值观教育的知识、意识、能力和精神，只有转化为学生的实践，在创新创业实践中达到知行统一，并通过实践不断强化，最终固化为创新创业自觉，才最终达到创新创业价值观教育的根本目的。实现知行合一，必须注重学生的主题体验，因此，各高校都通过建设诸如众创空间、创业园、孵化器、虚拟创业等各类参与体验平台，让学生在参与体验中获得创业的感性认识与经验积累，实现对创新创业价值的体验、认同、内化。

在《国务院关于进一步做好新形势下就业创业工作的意见》以及李克强总理五四给清华大学学生创客回信精神的指引下，高校众创空间也呈现蓬勃发展态势。众创空间是一种新型的创新创业服务平台，通过市场化机制、专业化服务、资本化运作，为创业者提供工作空间、网络空间、社交空间和资源共享空间以及创新创业过程中需要的专业服务，具有低成本、便利化、全要素、开放式特点。众创空间一方面可以为对创新创业感兴趣的大学生提供专业的创新创业教育服务，另一方面，可以为有创新创业项目的大学生提供商业模式构建、工商注册、政策咨询、法律咨询、投融资接洽等全方位创新创业服务，真正实现创新创业项目的落地。通过这种“真刀真枪”的实战演练，大学生能够真正体验到创新创业的关键环节，这个体验过程中，学与做实现了高度统一。众创空间浓厚的创新创业文化氛围能够潜移默化地影响大学生，提升大学生创新创业精神，同时，在大学生创业过程中遇到困难时，也能够得到志同道合的人们的鼓励，这在培养大学生的创新创业意志和坚定大学生的创新创业决心上具有很大的激励作用。此外，众创空间导师以其成功创业者和投资人的身份，往往会受到大学生的崇拜，这种榜样的引领作用和导师对大学生创新创业者精神上的鼓励和启迪，对于大学生树立创新创业价值观也具有重要的推动作用。不同于众创空间的“真刀真枪”演练，创业园则主要是为大学生创业项目提供场地和硬件设施，同时提供一些信息服务、培训指导等服务。目前我国大多数都建有大学生创业园，创业园在为大学生创业项目提供较为全面、低成本、有效率的软硬件环境和降低创业风险方面具有重要意义。一些创业园，比如温州大学生创业园，在功能规划、布局规划、运行机制规划等方面为创业园建设提供了很好的参考范例。再如，杭州师范大学设立校院两级创业园，打造成浙江省“互联网＋”众创空

间，及“梦想小镇”合作孵化器，“阿里巴巴商学院”等院级的特色孵化器，大大促进了在校生创业，其在校生创业率达到7.8%，远远高于世界平均1.6%的水平，营造了浓厚的创业氛围。当然，并不是所有的创业园都运转良好，有些创业园因“目标定位不清晰、专业化不足、对入驻创业项目的推动作用不明显、园区空置现象严重”等问题而名存实亡。

大学生创新创业价值观培育的参与体验平台还有很多，在此不再枚举。尽管体验参与平台的名称不尽相同，但它们都有一个共同的功能，就是为大学生创新创业提供参与性和成长性的机会和平台，帮助大学生在实际体验中升华创新创业价值认知，激发创新创业热情，锻炼创新创业能力，提升创新创业内生动力，从而形成科学的、正确的创新创业价值观。

四、强化组织领导、教师培养、评估激励三体联动的培育保障

大学生创新创业价值观培育是一项系统性、长期性、复杂性的工程，既需要环境塑造、课程引导、实践锻炼，也需要制度规范、机制保障。

（一）加强大学生创新创业价值观培育的组织领导

一是成立大学生创新创业教育专门机构，其主要职责是科学定位大学生创新创业价值观培育目标、体系，将创新创业价值观培育放在学校人才培养方案中统筹考虑，作为高校开展创新创业价值观教育的重要载体和实施机构，能够在师资队伍、课程建设、实践平台等方面统合全校资源。二是理顺领导机制，大部分高校的创新创业教育中都有教学、就业、团委、学院等部门参与，但是要建立健全这些参与部门的协调机制，形成“校领导主抓、专门机构实施，多部门协同”的大学生创新创业价值观培育格局，确保在课程、实践等环节中大学生创新创业价值观培育的同向同频。三是构建“专门机构—学院—班级”创新创业价值观教育运行体系。学校层面，以专门机构为依托，强化顶层设计，合理规划大学生创新创业价值观培育目标，建立政策、机制、组织、资源保障，开展评估激励。学院层面，提高对创新创业价值观教育重要性的认识，鼓励专业教师将创新创业价值观课程融入专业教育，在专业课程上激发学生的创新意识、创业精神、社会责任感。组织学生参加创新创业竞赛、社会实践、项目孵化等实践体验，帮助学生在实践中树立正确的创新创业价值观。班级层面，在组织全体学生参加“通识型”“融合型”创新

创业价值观教育的同时，针对部分有创业意向的学生，重点开展“精英型”创新创业价值观教育，通过有关创新创业专业知识学习、创业模拟实训等实践活动，帮助他们将意向转化为行动，并在创业过程中坚定创新创业价值追求，实现知行合一。

（二）促进创新创业教育教师观念转变与能力提升

在高校创新创业教育的链条上，教师扮演“双重角色”，既是施教者，也是受教者。创新创业教育在我国还处于发展摸索阶段，从事创新创业教育教师的理念、素质、结构等对创新创业教育质量有着至关重要的影响。教师作为教育行为的实施主体，在培育新时代大学生创新创业价值观中，需要不断转变观念，提升能力。教师角色的历史伴随着人类文明的教化传统。从中西方古代教育起源乃至文化起源来看，早期的教师主要兼具两个角色，一是作为人类文化初启时的精神导师，一是以知识传授、职业训练为职志。正是韩愈所说的“传道、授业、解惑”。创新创业教育的过程，也是教师传道、授业的过程。

先悟道，再传道。高校教师要转变观念，认识到创新创业教育的本质、目的和自身所承担的教育责任。2012 年教育部制定了《普通本科学校创业教育教学基本要求（试行）》，要求面向全体学生开展创新创业教育，把创新创业教育融入人才培养全过程，创新创业教育的教学目标是让学生掌握创业基本知识、理论方法，激发学生的创业意识，提高学生的社会责任感、创新精神、创业能力，促进学生创业就业和全面发展，创新创业教育不是少数教师的任务，高校的每一位教师都有培养学生创新精神的责任和使命。事实上，现在高校的很大一部分教师并没有意识到自身在创新创业教育方面承担的责任，也没有充分认识到创新创业教育基于创新型人才培养、促进学生全面发展的目的。或者有些教师对创业教育持观望态度：或者主观判断创业教育优劣，或者不愿顾及与本专业研究不大相关的活动。新时代打造创新创业教育升级版，其中一个重要的方面就是创新创业教育与专业教育相结合，开展创新创业教育已经成为每一名高校教师的职责所在，作为高校教师，“创新创业教育和自己无关”的错误想法需要得到根本扭转。

先受业，再授业。创新创业教育在我国的发展不过二十来年，有关专业与学科基础相对薄弱，当前高校中，大部分从事创新创业教育的教师，并没有系统的创业学理论学习经历，可以说不仅缺乏专业、系统的创新创业教育学的相关基础知识，还缺乏创新创业实践经验。因此，高校教师要加强创新创业知识学习，强化实践教学经验。首先，拥有创新创业专业知识储备，能够向学生教授科学、准确的创新创业知识，改善教学方法，提高教育效果，具备开阔的眼界和教育教学改革的创新创业能力。其次，提高授课能力，创新创业教育实践性强，要求授课教师既要有专业的创新创业知识，还要有较高的实践演练能力。因此，教师要在课程内容、教学方式、考核方式等方面进行探索创新，同时，强化实践环节的教学组织，让学生在实践中不断提升创新精神。第三，有条件地实现创业经历，创办企业不是纸上谈兵那么简单，一些有条件进行了创业的教师，就能够向学生传授创业经验的同时，针对学生在创业过程中出现的具体问题，为学生提供现实的经验或者教训。因此，对教师而言，讲授创新创业教育课程要求更高，应突出强化能力本位，先授业，为授业打下坚实基础，既拥有普通教师较强的从事一般教学工作的教学、科研能力，又要具有系统的创新创业知识，实现在教育教学过程中不断强化对大学生创新创业精神的培养。

先传道，再授业。韩愈关于教师角色的使命的概括，“传道”是放在第一位的。在那个时代，韩愈所要确立的，就是源自先秦诸子以来那些教导了我们民族的先师们的道统，以及由此道统所陶冶出来的教师。今天，教师所传的创新创业教育之道，就是创新创业人才培养中那些常驻不变的基本价值和基本法则。“道”是无形的，要依托教师的有形向学生呈现。创新创业教师并不是一个简单的传道者，而体现为一种以身当道的责任意识，在传道的过程中向学生提出自己有关创新创业的“关切”，并不只是如何发表它们，同时要表达教师自己对创新创业的“确信”，而且还要把自己的“确信”之道传达给学生。正如有的学者指出的，“对于培养性格来说，你无需道德上的天才，但是着实需要一个生机勃勃能够直接向伙伴传达自己思想的人。他的活力流溢到伙伴身上，有力而纯洁地影响着他们（在他无意影响他们时）。”

此外，为创新创业教育教师的成长发展搭建平台。当前高校创新创业教育教师的背景相对复杂，有学者将其分为三种类型，一是学院型，主要从原有的工商管理或经济管理系科教师中产生，二是兴趣型，主要由大学政工队伍、行政系统人员和对创业教育有兴趣的非管理专业教师组成，三是公益型，主要由热心于培养大学生创业能力的社会活动家、企业家、经营管理人员和其他有志于公益事业的人士组成，以兼职为主。针对这三种类型教师，需要分别建设相应的发展平台，以此作为他们进一步发展的精神家园。针对学院型和兴趣型两类教师，他们是高校专职教师，授课能力比较强，针对他们重点要搭建实践平台。我们前面讲过，创新创业教育既需要教师拥有理论知识，还要有实践技能。要求每一位教师都有创业经历非常不现实，也基本不可能实现，因此，要尽可能为他们提供创新创业实践平台，如参加培训、共享有关实践方面的教学资源等。对于公益型教师，他们基本都是兼职教师，拥有丰富的实践经验，但是理论水平不一定能够达到作为真正教师的要求，因此，要建立促进他们理论水平提升的学术平台，帮助其增强实践经验的学术性，使其达到教学的标准要求，提高教学效果。

（三）建立大学生创新创业价值观培育评估激励机制

建立完善的大学生创新创业价值观教育评估激励机制，既能发掘教育中的优势亮点，又能发现不足，以评促建，能保障大学生创新创业价值观教育的有效开展。同时，通过在评估基础上开展典型宣传奖励，树立标尺，促进教育效果提升。一是完善评估体系。目前，大学生创新创业价值观教育作为创新创业教育的一部分，还没有引起足够重视，对其教育内容和教育方式还没有成体系的思考、设计，更缺乏系统的评估激励办法。因此，要建立科学合理的评估激励体系，建立具有指导性、可操作性的评价指标，包括教育目标、教育内容、教育路径、教育者素质等方面，以考评来促进对大学生创新创业价值观教育的重视与开展。二是建立专门教育督导组。和其他学科有教学督导一样，高校要建立大学生创新创业价值观教育督导制度，定期开展教育情况督导，了解和把握教育者的教育水平，及时发现教育过程中存在的问题，针对问题给予解决的建议，提出下一步发展方向，以改进与完善大学生创新创业价值观教育。三是建立激励机制。完善的创新创业价值观教育激励机制关键是要对各参与主体进行激励，发挥积极情感教育的激发作用，引发不同主体参与创新创业的热情。大力选树教育典型和创新创业典型，对于表现突出的部门和个人给予相应的物质奖励和精神奖励，形成鼓励创新创业和表彰创新创业的良好氛围，进而提升实际教育效果。

第三章　大学生创新创业能力培养机制

第一节　大学生创新创业能力培养机制结构及要素

一、创新创业能力培养机制概述

（一）创新创业能力培养机制概念

机制本来是指机器由组成机器的零部件构成以及这些零部件如何相互起作用而产生作用，一般意义上是指一个体系是如何运转的以及自然界的一些规律或企业及其他单位能够良好地经营或运作的工作机制模式。而本书中的培养机制是指通过各个要素或结构相互作用而形成的作用系统。机制的概念，不同的人有不同的解释，在本书中，机制是完成一套系统功能所具有的要素共同作用所产生的合力。其实，机制是通过一定的运行方式，把系统内的各个成分或要素调动起来，使它们相互协调运行，产生某种效能或作用，实现系统功能。机制的作用是各个组成部分发挥作用，以及各个要素在一定的方式方法下，相互作用形成统一的作用机理或者说事物的内因与外力共同作用发生变化的原理。要诠释机制还要更好地理解体制的概念。体制是国家机关、企事业单位的机构设置，是国家基本制度的重要体现形式。创造性技能的机制使社会资源能合理配置，推动社会的进步。

为此得出：创新创业能力的提高取决于创新创业能力机制要素的优化及创新创业能力机制整体功能的发挥，强化系统要素机制及优化要素之间的相互关系是提高创新创业能力机制的关键。

（二）创新创业能力培养机制的类型和特征

1. 机制类型

（1）创新创业能力与培养机制划分

智力水平是指人的实践活动能力和解构能力达到的水平，也是各种综合能力的作用的结果。智力水平包括观察力、记忆力、思维力、想象力、操作力。智力水平与人的饮食有关，科学的食疗，人会变得更聪明；与遗传和环境有很大的关系，良好的基因和好的环境下，人的智力水平会提高；与早期经验有关，早期获得的经验越多，智力发展就越迅速；与学校教育有关，学校的教育和教学，可以使学生获得知识，还可以促进心理能力的发展，学校的教学方法可以内化为能力；与社会实践有关，社会实践不仅获得知识，更能提高能力；等等。智力结构的各种能力是相互关联、互相排斥，又都发挥着自己的作用。观察能力是智力的门户；记忆能力是智力的存储器；思维能力是智力的枢纽；想象能力是智力的臂膀；操作能力是智力的加工厂。智力中的创新创业能力主要是由创新性想象力和创新思维能力构成的。智力有不同的层次和不同的方面。

影响智力的因素有：第一，素质是智力发展的物质要素；第二，社会历史原因是影响智力发展的深度和广度的深层因素；第三，教育是影响智力发展的主导因素；第四，实践和主观能动性的发挥是智力发展的决定性因素。观察能力是对事物进行全面、细致、正确、深入地观察事物的能力。观察能力是智力中最重要的因素。英国生物学家、进化论的创始人达尔文和俄国生理学家、高级神经活动家巴甫洛夫非常重视观察在研究中的作用。记忆能力是对见到的事物能够记住并能够再认识，记忆能力的衡量标准主要包括记忆的快慢、记忆的永久性、记忆的正确与否以及记忆的备用性等。思维能力是对事物的抽象、间接、概括的反映。思维能力表现为思维的独立性，即独立思考、发现问题、解决问题的能力；思维的广阔性即思维能在不同的实践和知识领域中进行创新性思考；思维的敏捷性即思维迅速思考问题的能力；思维的深刻性即能抓住事物的本质和规律，深入地想象，预见事物的未来。想象力是对头脑中观察到的事物进行思考加工的过程。想象力是对客观世界的一种创造性反映形式，艺术创造是想象的结果。操作能力是指人们操作自己的肢体以完成各项活动的能力。智力是各种能力相互作用的结果。创新创业能力是由敏锐的观察能力、创新性的操作能力、创新性的想象能力和创新思维能力等构成的。

(2) 创新实践

创新实践是人的创新创业能力形成的途径之一。人们的创新创业能力是在认识世界和改造世界的过程中形成和发展起来的，创新实践活动不仅是获得知识的过程，也是创新思维发展形成的过程。实践的发展不仅推动社会的发展，而且还促进人自身的发展。实践是人类创造性的、社会性的活动，实践活动的过程，其实也是创新活动的过程，也是人的创新创业能力形成和提高的过程。作为实践的最高形式的创新实践，最突出的特点是创新性。人类社会的发展史其实就是不断创新的历史。创造践诺已经成为人类推动实践、促进交流和践行科技的三个主导形式，成为世界各国在激烈竞争情况下谋求发展的必由之路，对促进经济社会发展和人的发展有着积极的实践价值。实践是人类认识世界和改造世界的根本方式，创新实践则是在实践的基础上，通过不断探索和创新，推动人类社会不断向前发展的方式。创新实践的本质是创新。创新实践是人的主体性、创造性、能动性的体现。它能扩大人类认识世界和改造世界的广度和深度，使自然界转化为人化世界，满足人类不断发展的需要。

正是由于人类具有不断创新实践的能力，才使人自身不断得到发展，也才使人类社会有了从低级到高级、从简单到复杂的高度发展。实现人的自由而全面发展，需要物质产品的极大丰富和社会的高度发展。这些都需要生产力的发展。生产力经历了手工生产力、机器生产力和智能生产力的发展历程。要提高智能生产力，就要提高智能生产力要素的水平，智能生产力的核心要素是知识、技术、管理、教育、信息等。知识经济时代，知识水平越来越高，知识转化为生产力的程度越来越高。同时，伴随着技术水平的不断提高、管理能力的不断提高、接受的教育程度越来越高，以及信息传播的速度越来越快，相对应的生产力就会不断地发展和提高。这一切都依靠创新实践的发展。人类创新实践的发展是人自身发展、社会发展的助推器，引领着人的自由而全面发展。

(3) 创新思维

发展和培养大学生的思维品质,注重基础知识和基本技能的培训,加强知识转移的渗透和学习及训练。从心理学的视角来看培养人的创新创业能力,应该注重知识、智慧、思维方式、人格、动机和环境的影响训练;从思维层面,应加强辩证思维与批判思维、横向思维与垂直思维、发散思维与聚合思维、直觉思维与形象思维的训练。在哲学层面,进行创意视角的训练,进行肯定视角与否定视角的训练,无序视角与有序视角的训练,自我视角与非自我视角的训练、求异视角与求同视角的训练、往日视角与来日视角的训练。从创意视角的优化训练,进行扩展思维广度的训练,进行扩展思维深度的训练,进行提高思维速度与精度的训练,进行挖掘思维潜能的训练。可以进行无穷多数量的训练、无穷多属性的训练、无穷多变化的训练等等思维方面的创造训练,提高创新创业能力。

创新思维是由多种思维因素、多种思维能力相互影响、相互作用、共同构成的整体性思维过程,具有思维活动的系统性。创新思维是人脑特有的机能,人脑是由极其复杂的特殊物质结构构成的,其内在的能力、要素及各种形式之间有不同程度的相互联系、相互制约、相互影响。创新思维是一种高级思维活动,不是一种或多种思维活动的重复,而是由抽象思维、逻辑思维、非逻辑思维、形象思维、灵感思维、发散思维、聚合思维等多种思维相互协作构成的高级思维结构结合体。

2. 创新创业能力培养机制特征

(1) 变化性。创新创业能力培养机制是一个开发系统,各个要素是不断变化的,要素之间也在不断发生协同作用,这些因素变化会对作为系统的创新创业能力机制产生重大影响,使创新创业能力机制成为一个体系不断完善完备。

(2) 参差性。参差性是指构成机制的具体内容也是变化的,正是创新创业能力机制的变化决定了创新创业能力机制的差异。差异性是客观物质及人的思想多样化的表现,具有平等的差异存在性,否认差异的存在、平等性,就是否认普遍联系的存在性,因为差异性是客观存在的,是普遍联系的基础,是融合的基础,是世界充满活力的源泉,没有差异性的世界是静止的,是不存在的，否认或忽略差异的平等性，给个体带来不公平，给社会带来不稳定，给企业带来损失，给经济发展带来阻力，给改革戴上枷锁，给世界带来动荡，给地球带来危机。而承认差异性的平等性，是解决一切问题的良好开端。因此增强对差异性的理解和对差异体的对待应提高到新的高度科学的全面认识上，给差异性注入新的活力，产生更加灿烂的精神文明和物质文明。而任何认识不清或企图掩盖差异平等性，或给差异平等性披上神秘外衣的做法，都是反科学的，工作中必然会得出错误的结论，会带来严重的后果，认清差异性的客观存在是实事求是的必然要求。差异性是解决矛盾的重要方法之一，无论是主要矛盾还是次要矛盾，无论是矛盾的主要方面还是次要方面，只要尊重差异的普遍性和平等性，都应能合理解决，忽略这一基本原则，就会形成博弈现象，产生不公平，因此这一原则是解决矛盾的重要方法。人们在差异中求进步、求发展、求创新。

二、创新创业能力培养机制影响因素分析

（一）外因机制分析

创新创业能力培养机制的外部因素是指那些对创新实践活动产生直接影响的必需的外部条件。创新活动需要有良好的外部因素，才能形成有效的效用机制，发挥出高效的作用。

（1）社会环境。社会文化环境中的自强不息、奋发进取、勇于创新的精神对创新的发生产生了重要的影响，对提高全民族的创新创业能力有重要的意义。企业给员工最好的创新教育，有意识进行创新培训；培育创新文化，建设文化环境和培育文化模式。在文化的自主平台上构建文化的创新性内涵，让创新文化成为社会的主旋律，让创新的成果在发展中分享，将创新作为兴趣和责任，创新文化自主性的形成和发展是国家不断进步的不停动力。在社会发展中，我们要不断地调整上层建筑去适应经济基础，使上层建筑适应经济基础的发展，同时要不断调整生产关系，使生产关系适应生产力的发展。

（2）科技环境。良好的科技环境对创新创业能力的培养有巨大的推动作用。构建创新型人才培养制度，培养大批的有创造能力的人才，使他们迅速成长、成才；建立激励机制，对于创新、创造、发明等给予物质奖励，充分调

动每个员工的积极性，充分发挥创新队伍创新合作的优势，让创新人才、创新产品、创新成果等竞相迸发；强化科技创新的评价机制，鼓励科技创新发明、科技创新专利、科技竞赛，激发创新创业能力，以创新创业能力、科技业绩成果等作为评价标准。

(3) 政治制度和法律环境。国家的制度和政策是为本国的社会和经济发展服务的，为社会稳定和国家的长治久安服务的。有力的政治制度和法律环境有利于创新创业能力的发挥，使创新创业能力能够顺利开展。

(二) 内因机制分析

(1) 知识创新。创新能力的养成离不开创新知识，渊博的知识体系是创新创业能力主体创新的基础。要有吸收知识的能力、记忆知识的能力、理解知识的能力；要掌握基础知识、积累实践经验、运用知识分析问题，促成创新。丰富的知识体系也是进行创新创业能力活动必不可少的前提，而且，知识的不断积累和丰富也会丰富人们的创新资源。创造性知识凝聚着人类多年实践和思维的精华。创新创业能力的发展离不开个人主观的努力，只有主观努力，才能把学到的知识和技能运用到实践中，促进创新创业的发展。但是，在保持知识信息更新的同时，创新创业能力主体还应考虑合理的知识结构，常常注意调整自己的知识结构，塑造有利于提高创新创业能力的自我知识结构。因此，学习知识就要注意培养具有特色的知识结构。具有合理的知识结构才有利于创新创业能力的形成和发挥。

(2) 创新创业能力。“知识就是力量”，这是哲学家弗兰西斯·培根的名言，它代表一个创新的时代，至今仍有深远的影响。但仅仅有知识并不会产生创新创业能力，知识要与素质、能力相结合才会在创新中发挥作用。同时，一个人创新创业能力的发挥，还应具备敏锐的感知能力、协同能力、捕捉意外信息的能力，这些能力需要平时在生活学习中通过自我培养和强化训练获得。

① 敏锐的感知能力。达尔文强调一个人要想具有创新创业能力，必须具有敏锐的感知能力，发现问题的能力，观察、思考的能力，应强化自己的发现意识、动态观察、迂回观察、变换视角和实验观察的技巧，看别人未看之处，想别人未想之法，增强自己的感知敏锐性。古今中外，事业上有成就的人，无不得益于他们敏锐的感知能力。例如，伦琴发现X射线、费莱明发现

青霉素、柏琴发明苯胺紫人工合成染料等。

② 把握机会的能力。促进创新创业能力的发展，要时时创造创新创业能力。因为目标状态和目前状态有一定的差距，要成功地实现由目前状态向目标状态的转变，就需要感受这种差距和这种社会需要，需要坚持不懈地进行科技探索，需要捕捉机遇的能力。

③ 协同能力。协同能力是指将各种能力相互联系组织在一起，各种能力协同作用产生更大效用的能力。协同能力是创新创业能力产生的基础。创新创业灵感的出现是随机的，它是由现象和创新客体之间没有意识到的信息作用下而产生的潜意识，具有不可随机性和不可或缺性。但是，人的思维中的协同能力可以唤起这种潜意识，灵感可能随机出现，创新创业能力就会随机而至。

(3) 创新创业能力的主体特征。智力因素和非智力因素共同作用，是主体创新创业能力产生的动力和源泉。创造能力主体不仅要有创新的兴趣和热情，还要对自己的创新性思维进行自我激励。例如，张雯在读大学三年级时做了一个电动小火车，这件事激发了她对创新的浓厚兴趣。她制作的电动升旗杆、大连电台模型、交通信号灯都在发明制作比赛中获奖。在这些事情的激励下，她不停地对周围的事情进行细致观察，别人习以为常的事情，她认为值得改进创新。有一天，她在路上看到交通警察站在指挥棚下指挥交通，衣服被汗水湿透了，张雯觉得警察叔叔很辛苦，便产生了制作“警用凉爽太阳伞”创意。她满怀热情地画图试制，终于有了作品。这一项创新发明在 1998 年第九届辽宁省小发明比赛中获得一等奖。

提高大学生创新创业能力有以下几点素质要求：

(1) 创造性处理问题的能力。创造性处理问题的能力就是以科学的理论、便利的方式处理两难问题的能力。提升创造性解决问题的能力，可以通过以下几个方面做到：第一是为被训练者提供有效和系统的训练，可以使被训练者学会创造技能，提高自己创造性解决问题的能力，提高创新创业能力的总体水平。由此可知：教学可以将人们训练成有创新创业能力的人，受教育者已有的天赋能够通过培训来提高。第二是有创新创业能力的人是在吸收借鉴前人观点的基础上，辩证地否定过时的观点、批判地继承前人的优秀的成果，创新创造发明的结果。第三是任何人都具有创新创业能力。创新创业能力既有普遍性，又有“可教性”。在我们每个人的生活和工作中，我们都必须面对问题、处理问题，在解决问题时都不同程度地蕴含着创新机理和创新成果。生活和工作中存在问题是必然的，每个人都承担着解决问题的任务。每个人都在从事创新性工作，因而每个人都具有不同的创新创业能力。

(2) 要有敢于质疑的精神。古代一些伟大的科学家，如笛卡儿、爱因斯坦、牛顿等，在探索科学的道路上都持怀疑的态度。他们认为只有大胆怀疑，才有大胆的创新精神，才能创新，才有创新创业能力。这些伟人之所以能做出骄人的贡献，就是因为他们有质疑精神。质疑就是要有大胆的怀疑精神，敢于提出不同的观点、见解。大胆的质疑是创新的前提，激发学生的创新意识。敢于质疑，让大胆质疑的精神成为我们的个性，勇于突破传统的线性教育或“听话教育”，在无限的时间和空间中自由翱翔。创新是不以常规进行思维探索的，常常会遇到很多困难，甚至失败。如果没有冒险和不畏失败的精神，创新思维就会泯灭。创新者要勇于探索，不怕挫折，拥有成功的信心和决心。

(3) 科学精神。科学精神不仅要具有科学知识，更重要的是要有科学的视野来解读自然和社会，要站在科学知识的高度，探究神秘的领域和迎接未知领域的挑战。科学精神表现为求真的精神，获取客观真理，即追求真理。首先，在真理问题上，我们要探究的客观世界是真实存在的，对自然科学家来讲，其探索对象是真实的自然界。自然界是实实在在存在的，是真实的。探索的对象是可知的，爱因斯坦说，世界的本质是可以探知的和有序的，这是哲学上的可知论。其次，逻辑法是从一般到特殊的方法，实验归纳法是从特殊到一般的方法。科学的观点一定是从客观实际出发上升到科学理论的。科学精神也是人文精神。人文精神的本质是求善，科学的人文精神表现为科学而献身的精神，体现为民主、合作、团结的精神。科学已经渗透到人类生活的方方面面，特别是经济、政治、文化、法律等领域。科学的奉献精神使人类不断地前进。

三、大学生创新创业能力培养机制构成要素

(一) 创新创业能力培养机制的一般构成要素

教育部原部长周济认为，高等教育应培养大学生的实际操作能力和创

新创业能力，知识、能力、素质协同发展。江汉大学的胡述龙认为，创新创业能力中的分析能力、判断能力、创新实践能力是评估创造性技能的准则之一。高福安等以为，创造性能力包括获得知识能力、获取信息能力、践诺能力、积极研习能力、创造思维能力、创新创业能力等。创造性能力是在继承前人的知识、经验的基础上提出新的见解、新的方法、新的技术理论等并应用于实践的一种能力。养成创新创业能力，要具有坚实的基础知识、非逻辑思维能力、逻辑思维技能等。

(1) 科学创新的基础是储藏知识与收集知识。广博的基础知识是创新思想的根基和源泉。丰富的知识有利于提出创造性的思想方法，有利于正确地分析问题，有利于创造性方案的制订和实施。只有掌握更多的学识，才能更好地适应千变万化的自然界并改变自然界。

(2) 开发创造潜力。“人人是创造之人”，说明创新创业能力不是少数天才所独有的特殊天赋。每个人都有创新创业能力，但这种创新创业能力的养成，要经过教育、训练和创新实践活动才可能被激发出来。充分发挥自己的聪明才智，释放自己的创造潜能，努力实践，树立创新信念，积累知识经验，培育能力，一个人的创造潜能就会得到应有的发挥。

(3) 培养人的想象力，有利于开发创造潜力。想象力是以知识、技能为根基的记忆、感知，是创造形象或再造形象的思维能力。想象力是人发挥主观能动性的表现。想象力是创新的源泉，创新是有经验的人思想自由驰骋的结果。想象的形式有联想、幻想和臆想。想象是大胆的推测、形象化的比喻、粗陋的模型和神奇的直觉。它具有模糊性、可变性、创造性、超前性等特性。培养想象力，要努力学习知识，提高自己的文学艺术修养，勤于观察、善于思考，培养多方面的爱好。

(4) 培养联想力。培养联想力最有效的方法就是积极主动地学习新知识、运用新知识，参与创新实践活动，不断地发现问题、提出问题和解决问题，提高创新思维能力，创新创业能力就能逐渐养成并不断提高。联想可以分为：一是相似联想，如物理-化学，毛笔-钢笔等；二是接近联想，如乌云-下雨-滴答声；三是对比联想，如红-蓝，黑-白等；四是关系联想，如学校-老师-学生，干部-男-女。

(5) 加强逻辑思维能力与非逻辑思维能力的锻炼。创新创业能力中的灵感来自平日知识的积累和顿悟,是逻辑思维与非逻辑思维相互作用的结果。创新创业能力由知识结构、创新思维、实践行为、个人素质四个维度构成。逻辑思维与非逻辑思维、创造潜力、知识管理与知识储备、学习行为、想象力、实践活动、联想力、职业理想等因素都会对大学生的创新创业能力产生影响。

(二) 大学生创新创业能力培养机制的整体构建

对要素的单纯罗列并不能构成机制,只有按照一定的结构安排要素才能组成特定的机制。因此,如果对创新创业能力机制进行分析,则需要对组成创新创业能力机制与主体的各个要素进行系统化、结构化的分析。创新创业能力主体是创业中的创新创业能力者。创新创业能力系统是创新创业能力机制与主体的各个要素组成的一个综合性系统。在创新创业能力系统中,建立创新创业能力培养机制体系的核心目标是创新创业能力主体,所以,创新创业能力主体被称为对象面。而创新创业能力机制则是创新创业能力系统中构成创新创业能力培养机制体系的客观要素,有无形和有形两种状态,因此,创新创业能力机制也称为作用面。创新创业能力系统的内在运行机理:"作用面",也就是创新创业能力机制通过某种方式作用于"对象面",影响创新创业能力主体的创新创业能力实践;"对象面",即创新创业能力主体借助创新创业能力机制中可利用要素发挥自身的能动性,促成自身的发展。以下分别从宏观、中观、微观层面分析创新创业能力机制的结构,把握不同层次创新创业能力机制的不同构成要素,有利于构建科学合理的创新创业能力结构化、活态化的机制系统。

1. 构建宏观的创新创业能力培养机制

一个国家的创新创业能力机制是这个国家的创新创业能力培养机制的整体发展状况和聚焦程度的反映,也是实施创新创业能力机制战略的重要切入点。简单地说,构成宏观创新创业能力机制的要素主要是带有战略性与全局性规划和方法,如提高政府的工作效率、加强创新创业能力立法、培育以人为本的权力结构、调动领导者的创造性等,具体内容如下:

第一,提高政府的工作效率。各负其责,构建责任型的政府模式。完善服务型政府需要转变政府职能和推动社会管理体制改革,培育和发展服务机构和中介组织,使政府逐渐转变成服务型政府,提高政府的工作效率。

第二，加强创新创业能力方面的立法。加强创新创业能力方面的立法，有利于保护创新创业能力者的利益，有利于创新活动的顺利开展，有利于提高创新者的积极性，对于提高创新创业能力具有重要意义。为了保护创新者的利益，必须构建创新保障体系，制定有利于创新活动的政策和法律环境，促进创新成果的产生，为创新主体营造一个健康、公平、有序的法律环境。

第三，培育以人为本的权力结构。重视以人为本，就是充分发挥人民群众的历史主人翁地位，坚持人民群众是剧中人，又是剧作人。人民群众是历史的创造者。创新的主体是党、国家和人民。党的职责是领导创新，国家的职责是为创新提供平台，人民的职责是参与创新，为了调动创新者的积极性，需要培育以人为本的权力结构。确立和构建以人为本的权力结构，是实践中落实人的创新创业能力的政治前提，不仅可以实现人的主体地位和主体利益，更可以发挥人的创造性，能为人的创新创业能力的发挥提供更好的环境。

第四，充分发挥领导者的创造积极性。提高创新创业能力的途径，就是确立创新创业能力主体的主人翁地位。只有充分尊重人的主体地位，才能调动主体人的积极性，才会激发人的创造能力。全社会有构建以人为本的理念，充分发挥人民的积极性、创造性，创新创业能力才能竞相迸发。为此，要树立“领创执政”的理念，领导者以身作则，学创新、敢创新、领创新，才能形成创新的蔚然成风的良好局面。

2. 构建中观的创新创业能力培养机制

构建中观的创新创业能力培养机制是营造创新创业能力机制的基础，因为中观机制与创新创业能力实践活动直接相关。构建中观机制的关键要从企业创新的共性与个性需要出发，主要包括政府和企业的科技投入、拓展创意经济和发展文化创意产业、构建机制和平台建设、增加对创产者的资助力度等。具体如下：

第一，政府对科技投入的效率。政府对科技的投入，要充分发挥政府的导向作用，政府的政策要有利于科技的创新发展和投入，同时，要有政策保障，保证科技发展的高效率。

第二，拓展创意经济和发展文化创意产业。创意经济是集约型经济的代名词，是利用知识、技术、经验、管理等创造性发展经济的创意经济。发展创意经济是我国经济发展的必然选择。发展创意经济，发展文化产业是首要任务。文化产业处于产业链的上端，有持续的产业回报。文化产业最重要的还是创意二字。

第三，构建机制和平台建设。大多数孵化器以提供低端服务为主，主要来源是低端服务收费和政府的资助，但高附加值的高端增值服务能力缺乏，因此，孵化器的创新发展思路值得借鉴。

第四，增加对创产者的资助力度。创新创业能力的养成，主要依靠创新的主体——人。创产者是创新型人才和创新型主体，创产者创新创业能力的养成，需要对创产者进行必要的资金资助，维护创产者的权益，促进创产者再创造。例如，在高校、研究所建立创新鼓励机制，设立专门的创新基金，为创产者提供有利于发挥的创造性条件。

3. 构建微观的创新创业能力培养机制

微观创新创业能力培养机制主要是通过知识管理促进知识创新构建创新创业能力。21 世纪，人类社会已经迈上了人与自然和谐、持续发展的智能经济时代。这样的时代正在全面改变着我们的工作和生活方式。与工业社会不同，知识社会的生产手段不再是以机器为中心，而是以人的知识与人工智能为中心。知识的产生、知识的创造、知识的开发、知识的应用、知识的发展等是知识创新的源泉。企业知识创新是企业核心竞争力和国家竞争力的重要因素，是企业持续发展的动力要素，是企业知识管理实践的重要内容。知识创新的主要形式是灌输知识愿景、沟通交流、管理知识、创设情境和传播学识。知识创新之精髓深深地植根于对超越众多对立双方的“综合”进行管理的过程之中。知识经济成为社会发展的主要经济形态的时代，知识作为一种生产要素，构成经济发展的持续动力和战略资源。野中郁次郎的知识管理学说，指出知识是由对立的“显性知识”和“隐性知识”构成的。

在知识一经创造出来就快速折旧的知识创新社会中，积累知识、扩大知识、发展知识，探索新规律，追求新发现，用知识创新未来。毫无疑问，对持续创新演化的知识进行管理是当今管理者必须处理的首要任务。因此，企业要想在创新竞争的环境中求生存、求发展，就必须不断地创造新的知识，用知识创新作为核心资源与动力来保障发展。基于知识管理对企业知识创新的价值性、导向性和发展性等功能，本书把知识管理定义为：知识管理是以充分利用大数据网络，积累和扩大知识资源，促进知识的交流与共享。企业知识创新是通过将“隐性知识”转换成“显性知识”，或将“显性知识”转换成“隐性知识”的双向循环方式来创造新知识的。知识创新是以知识为基础，调和相互对立的双方，超越相互对立的双方并对知识进行“综合”管理的持续动态过程。

（1）经营管理知识

知识管理的目的是提高个人、组织和企业的创新创业能力，其终极目的是提高它们的价值创新创业能力。学习知识、积累知识、占有知识、分享知识、利用知识、开发知识资源是提高创新创业能力的前提。知识的生产、传播、分享、储存、使用、创新是知识管理的主要形式。

一是形成知识。知识的产生主要以实践和学习的方式获得，直接经验知识和间接经验知识是知识的两个主要形态。直接经验知识是参加社会实践和生产实践得到的知识，实践是知识的来源。如企业员工参加产品研发、参与项目开发等获得经验的知识，这些知识的获得既是对过去知识经验的总结，又是当下参与企业产品研发获得的经验知识，这些知识能够为未来知识的发展创新奠定基础。间接经验知识以从书本上学习得到，具有基础化、专业化、精细化的优点。强化专业知识以外的人文素质教育和通识教育，获取更多的间接知识。企业间接知识通过开发具有较高技术含量和附加值的产品、员工技术开发项目中的学习、资助大学研究、合资、完全购买、鼓励员工“窃取”别人的观点等方式获得。

二是传递知识。知识传播以沟通交流、参加会议、采用局域网等形式进行。知识传播的核心是知识分享。知识分享是企业中个人的经验、想法、灵感、顿悟或思想火花，通过交流学习、参加会议、知识网络等交流方式，把个人获得的知识分享给企业全体成员。在知识分享的过程中，经过企业员工的学习、交流、分享、增添等，原有知识的数量和质量进一步得到提高，企业的知识水平提高了，知识资源丰富了，知识的流动性增强了，知识的附加值提高了，知识转化为高效的生产力，企业取得更高的经济效益，企业的竞争能力和生存发展能力增强了，企业会有更大的发展前景。知识交流的目的是把在企业获得的知识通过与企业员工交流以提高其他员工的知识水平。

知识管理要求个人自我管理知识并更新知识，不断学习，在工作中学习，在学习中学习，欲求以知识为基础的技术创新与组织创新。

三是知识的积累和转移。知识积累是借助局域网平台，收集企业获得的相关知识，使之成为被随时调用的知识系统。知识转移是知识提供者把知识通过一定的途径转移或流动到知识接受方，被知识接受方吸收，知识对知识接受方有一定的指导作用。知识转移有时是以潜移默化的方式进行的，如企业员工的会议、活动、谈话、交流、沟通，不经意间，员工会学到对方的知识，知识会从一个员工转移到另一个员工。知识转移可以在个人、团队、企业等中间进行。知识转移的目的是在创造知识之后，创造知识的人使用知识、创新知识，将知识转移给企业团队成员，为团队更好地完成下一次的团队目标服务。

四是创造知识和应用知识。知识的创新和使用是在知识的管理中实现的，因为知识的使用在企业就是产品的研发实现过程，知识创新是在知识应用中实现的。知识管理以知识的生产、知识的储存、知识的交流、知识的使用和知识的创新对知识进行管理的，并实现知识经济效益的最大化。对隐性知识的管理，通过与知识所有者的交流获得知识，或者向有知识经验的师傅学习，潜移默化地学到知识经验。隐性知识中的经验、想法、顿悟、灵感等就是通过这种方式进行传播和应用的；对显性知识的管理，主要是通过对知识进行整合、优化、加工等形式，把知识转变成易于沟通或传播的形式，与企业的其他知识联系起来，有利于知识在企业组织中传播和应用。同时可以通过对知识的再利用，使知识创造价值，并创造出新的知识。

知识管理是以产生、分享、交流、利用知识资源，围绕企业的发展战略和愿景目标，应用新知识并实现知识经济的商业化，提高企业的获利能力，并使企业增值最大化。知识管理的目的是提高企业的创新创业能力，终极目的是提高它们的价值创新创业能力。但学习知识、积累知识、占有知识、分享知识、利用知识、开发知识资源是提高创新创业能力的前提。企业的发展主要是充分利用企业的知识资源进行创新，创造更大的价值。知识管理以创造有利的文化环境和创建知识网络系统，更好地加强知识的沟通与共享，积累和优化过去的知识经验，拓展企业的知识资源，把知识当作产品进行生产；把知识融入产品的生产、服务和管理中，尊重和理解知识价值，开放专家网络平台，构建客户的知识资源档案等。

(2) 处理知识

经管知识重要的是对转变知识和处理知识的管理。显性知识与隐性知识的相互转变是知识转变的主要形式，隐性知识是以知识共享主体共同分享其他主体隐性知识的过程，有学徒方式、权威方式、感觉方式、伙伴方式等获得知识方式。隐性知识向显性知识的转化，是一种把积累的知识经验通过教学或其他形式传递出去的过程；显性知识间是以优化知识而创新知识的形式；显性知识向隐性知识转化，这是一种把综合化、外化、社会化获得的知识内化为个人隐性知识的过程，有体会方式、愿景方式、同化方式、自发方式等获取知识方式。知识循环是以优化、整合、提炼知识，创造新的额外知识而循环知识的过程。

知识管理的特征：

一是知识管理的价值性。知识管理是利用知识和开发知识，把知识的生产过程和管理过程联系起来，进行以知识资源与产品、服务相结合的产品创新、服务创新、组织创造。但学习知识、积累知识、占有知识、分享知识、利用知识、开发知识资源是提高创新创业能力的前提。企业的发展主要是充分利用企业的知识资源进行创新，进而创造更大的价值。

二是知识管理的导向性。知识管理的导向性依靠知识管理水平，决定企业知识创新的方向和水平。知识化经济时代，知识管理对企业的生存能力、发展能力、适应性能力、创新创业能力的产生发挥了重要的作用。知识管理能够提供企业适应经济发展所需要的导向作用。

三是知识管理的能动发展性。知识管理在知识创新、科技进步、社会发展中的作用越来越突出。知识管理的能动发展性体现在知识创新性能推动生产力的发展，促进经济社会的发展。

知识经济时代，知识管理涉及社会生活的各个领域，从个人、组织、机构到国家，逐渐摆脱传统资源的束缚，重新获得竞争力，具有强大的竞争力和远大的发展前途。知识管理是产生知识、储存知识、应用知识、创新知识，以知识资源提高企业竞争力的经营管理模式。知识管理以整合、优化企业的信息技术、社会调研信息及企业的经营策略，建立更加合理的机制，为企业的发展服务。

(3) 知识创新

智能经济时代，知识生产力成为知识创新和知识管理的核心。知识管理中的知识创新依托知识创造新知识。知识创新以前人的知识和个体在社会实践中获得的信息为加工原料，运用归纳、演绎、抽象、综合等方法，创造知识的过程。知识管理是对知识生产要素的优化管理，促进知识生产力的发展，提高企业的创新创业能力；构建发达的外部知识网络，充分吸纳和挖掘外部网络中的知识，促进信息和知识的流通，为知识创新积累必要的知识储备，丰富知识，重视知识资产的管理，努力使知识资产最大限度增值，提高知识经济条件下的经济增长和竞争力。知识经济时代，知识管理与科技创新在很多领域，特别是高科技领域，呈现一体化发展的趋势，例如信息工程、生物工程等领域，二者联系很紧密，而且几乎是一起发展的，即知识管理促进科技的发展，也促进知识创新的发展。在现代科技发展的条件下，具有一定知识的企业，优化、整合、重组彼此密切相关联的知识，使知识产生共振效应，形成真正的技术创造。技能创造是知识能力和技术能力协同作用的结果，是运用基础知识、市场知识和特有知识实现技术的创新过程。知识管理中的知识创新是要培育和营造一种适宜并有利于知识管理的组织文化，使得企业能够灵敏且有效地进行知识发掘与分析、知识交流与分享、知识运用与知识创新。知识管理使用知识将知识生产融入产品或服务及其制造或管理的过程中。

企业要想更好地发展，必须保持或激发持续且有效的开发，以知识为基础的创新创业能力，因此管理者必须持续开放知识创新，而不是对其进行目标化约束或管控，积极地影响企业知识创新的组织行为。企业的创新活动主要有五个子过程：一是共享隐性知识；二是创新概念；三是构造原型；四是知识交流；五是检验概念。知识创新是以循环形式出现的思考方式，主要体现在不断强化企业的知识创新的愿景与潜力上。

(4) 知识创新方式

企业灌输知识重视从单向制定营销策略向创新整体知识愿景方向转化的方式。其具体做法是：设法对企业愿景进行反复且充分的交流，直到企业员工为愿景努力工作，这是灌输知识愿景的目的。当教育者向每位成员机械地硬塞一些宏伟的知识愿景时，每个员工极力构建微型社群、检验概念、组织整合并开展知识转移等相关事宜。宏伟的知识愿景能够促成概念的产生并建立原型，这样对微型社群内分享隐性知识不会有太大影响。然而，灌输知识愿景的程序确实依靠创新驱动过程中隐性知识的释放，不过前提是他对知识愿景进行阐释：企业的知识不一定都以形式知识出现。从长远的观点来看，知识愿景是企业的核心精神，企业高瞻远瞩地利用核心能力来成就自己的发展道路。从另一个方面来看，企业要想在竞争的环境中求生存求发展，那么必须对知识进行创新，为未来的竞争确立方向。不过，知识愿景常常需要与发展战略联系在一起，知识愿景赋予了发展战略灵魂。知识的宏伟愿景为知识和内容服务，确立了企业内微型社群的发展方向。好的知识愿景将激励企业探索某些领域的知识，并为企业的未来发展持续提供具有挑战性的学识。企业员工参与集体活动的实质是参与及共享沟通：企业成员之间的沟通以及企业外部人员之间的沟通。经济全球化时代，沟通交流日益成为知识创新的重要平台。

第一，交流有助于增长见识，有利于个人和企业的发展。实实在在确立知识愿景，勾画未来发展战略蓝图。

第二，交流的意义是对于不能苟同的参与者的行为能够及时提出建议性的批评。随着情境的变化，想法在变，交流的规则在变。在友好和谐的气氛中交流才有利于达成共识。交流是人类最基本的活动方式之一，与别人的交流有助于养成高尚的思想道德修养，轻松和谐的交谈能够促进知识创新。交流所产生的思想、看法及理论为知识创新提供了条件。交流其实就是人们在企业内部分享知识、经验、感悟、灵感等知识形式。知识管理既有企业中个人知识的发挥，也有企业中集体智慧的力量，加快企业创新步伐，把企业中个人的知识分享、交流给企业的其他员工，以进行知识创新和价值创造。知识管理的根本目标是知识的创造、交流和利用，以及为这一根本目标服务的组织、机制、文化等更为重要的因素。实际上，技术本身也必须服务于这一根本目标，致力于提高企业知识创新、知识传输和知识应用的能力。

培育和营造一种适宜并有利于知识管理的企业文化，使得企业能够灵敏且有效地进行知识创新的过程。知识创新的另一方式是创设情境。创设情境的目的是检验战略规划及知识获取之间关系。哈佛大学商学院钱德勒教授(Alfred D. Chandler. Jr,1918—2007年)认为:“结构跟随战略”,组织结构应为战略规划服务、应为知识管理创新服务、应为跨职能及跨业务活动服务、应为知识管理创新提供构成性促进情境、应为知识创新提供促成条件,为了使知识创新活动顺利开展,高层管理者应该足够努力。20世纪80年代以来,以知识和创新为核心的竞争越演越烈,很多企业已经不适应新的竞争环境,于是相继转型。例如,跨职能产品开发项目;结构代替组织的再造工程;追求超越传统企业边界的跨组织活动的虚拟公司;夏普公司的“紧急项目团队”——一种跨小型业务单元的“超文本式”组织。

组织行为学者丹尼森将这些结构的超前性进展概括为设计能够提供前所未有的灵活性和适应性的新型组织形式的努力。相反,如果一个层级体制僵化呆板、界线模糊不清、竞争环境持续动荡、关系日趋复杂,那么经济活动不可能复苏。恰当地创设情境可以为知识创新提供坚实的基石,可以为知识创新提供战略发展规划和业务的促成情境,可以为知识创新提供高效的组织结构,可以为知识创新消除个体和组织的壁垒,可以为知识创新提供能够持续发展的背景。对于知识创新而言,可以通过跨组织的方式,通过组织机构在“隐性知识”与“显性知识”之间相互作用而分享、通过跨部门企业将资源投放在创新方面进行,通过管理者创造使知识能够持续发展的背景而获得,通过分享微型社群内的“隐性知识”而获得。企业创造的知识如果能够迅速传播到其他地方,可以节约企业创造知识所需的时间,可以降低企业创造知识所需的成本,可以培养和造就更多的“知识人”,可以提高社会成员的知识水平,可以实现人类知识成果社会经济价值,可以为经济社会创造良好的社会环境。传播知识的过程是知识创新的过程,是知识增值的过程,更是企业员工学习知识、分享知识、知识量增加的过程。C. Franco等认为,知识传播是知识在流动中产生新的知识,新知识促进生产力的发展,促进企业经济的发展,企业获得更大的竞争力。

例如,生产消费品的跨国企业联合利华公司已经认识到创新需要运转完善的智能团队。当团队成员彼此之间持有温和且助人为乐的态度时,新想法很容易传递出去,并且可以创造出完全不同的新知识,这个做法已经为联合利华公司的厨具业务带来成功。该公司通过一些激励政策,对表现优秀的项目团队给予奖励和关爱,公司目标中有这样的话:“我们的长期成功需要全面的投入，高效的集体工作，并且我们愿意拥抱新的想法及孜孜不倦地学习。”至于其他知识促进因素，灌输知识使企业内的知识创新项目有合法性，对隐性知识的共享没有影响，在建造原型方面影响不大，在创造概念、验证概念、知识转移方面作用很大。

第一个促进因素是激发知识，强调在企业内更好地把知识激发出来，激发知识的过程可以创造概念、验证概念、建造原型创新知识，对知识转移的作用影响很大，但在共享隐性知识方面作用不大。

第二个因素是创设情境。一个有关爱企业的情境或场域，能够促进全部知识的内容生产，对知识创新产生重要影响，其中以概念验证和知识转移的影响最大。最后，知识传播强调不同层级知识分享的重要性，在发挥知识的作用方面是很有用的。

(5) 知识创新路径

彼得·德鲁克说：“创新就是利用知识生产要素，提高技术创新和知识创新的水平，促进知识创新和技术创新，促进生产力的发展。”知识转化促进知识创新。这一路径包括：一是内化方式，即显性知识向隐性知识转化，这是一种把综合化、外化、社会化获得的知识内化为个人隐性知识的过程。通过阅读、聆听等学习方式以及实践、观察和体验等社会化方式，可以丰富和积累企业员工的知识。二是综合化方式，即显性知识向显性知识转化的过程，这种知识创新的方式主要通过会议、网络、电话、文件等交流知识，并对已有的知识进行综合、分类、排列、增减，这种方式可以产生新的知识。三是外化方式，即隐性知识向显性知识转化，这是一种把积累的知识经验通过教学或其他形式传递出去的过程，即将个人的观念、思想、想法转化为可以表达的知识，经过编码得以实现创新的方式。四是社会化方式，即隐性知识间的转化过程，这是一种知识共享主体共同分享其他主体隐性知识的过程，有学徒方式、权威方式、感觉方式、伙伴方式等获得知识方式。

知识创造促进知识创新。促进知识创造的路径主要有：一是目标愿景是创造知识的推动因素。目标愿景主要用以培育员工的奉献精神。奉献精神是人类创造知识活动的基础。二是自我激励提高知识创新的可能性。充分发挥自主性个人的独创性，可以在获取、解读和陈述信息时保持很大的灵活性，有利于知识创新。三是创造性模糊培育知识创新创业能力。创造性模糊增强企业组织内部的张力，诱发和增强个人的主观承诺，改变员工的基本思考方式，将企业员工的注意力集中在辨别问题和解决问题上面。

分享知识，创造知识。知识共享主要从三个视角对知识资源进行管理：一是培育知识共享的文化环境，促进知识创新。改革企业文化，创造信任的文化氛围。让企业员工有成就感，使他们愿意和大家分享自己的知识经验。没有信任的文化氛围，就没有信任的人际关系，也就没有知识共享。二是创建知识共享的网络环境。利用知识共享的网络环境，员工可以随时随地学习，确保知识不落后；可以使高层知识共享者发挥作用；可以与专家学者进行知识交流和沟通；可以在任何层次上进行自由交流；可以参与企业经营组织的知识活动。三是鼓励非正式的知识共享。定期和不定期的内部会议、实践小组等，就企业的未来发展及技术问题进行交流和沟通，共同努力，相互启发，促进知识共享。四是重视知识资源量的积累和质的提高。知识的质量不断提高和数量不断增加，使知识得以进一步增加，自然而然的，新知识在知识共享的过程中得以产生。

第二节　大学生创新创业能力培养机制构建策略

一、创新教育模式培育大学生创新创业能力

作为教育部试点的创新创业高校，北京航空航天大学在不断的实践探索中确立了立德树人作为创新创业教育改革的根本任务，提出了学术领军、工程领军、管理领导的高素质领导领军人才培养目标。为实现这个目标，北京航空航天大学遵循人才成长规律，构建“本科、研究生一体，学科交叉，国际认证，完全学分、弹性学制”的人才培养模式，构建基础知识教育与专业知识教育相结合、课程教学与实践创新相结合，注重理论与实践相结合，技术向生产力转化，培养双师型师资队伍，构建全方位的创业帮扶政策，培养创新创业能力。

（一）建立专业教育与创新创业教育结合的课程体系

持续优化培养方案，建立创新创业教育第一课堂。设计个性化案例教

学，借助生动、直观和易懂的案例，激发兴趣，启发思维，培养创新创业能力。一是鼓励教学按小组分工，小组成员经过讨论、互相启发，教师评价，学生思路开阔，组织能力、沟通能力、协作能力、管理能力、自信心等创业能力都得到提高。向全校学生开设以市场为需求的创业课程，如《创业导论》《创业实务》《创业讲堂》课程。引进国际高水平的创新创业理念，带领学生参观国际上的成功创业案例，在实践中学习。二是加强创新创业实践，建立创新创业教育第二课堂。建立大数据专业课外活动小组、建立智能机器人创新课外活动小组、建立软件专业创新课外活动小组、建立新媒体技术专业创新课外小组等。三是加强创新创业文化建设，建立创新创业教育第三课堂。第三课堂以社会实践调查、专题报道讲座、校园文化活动、专业团队活动、学生社团活动、教师课外辅导、学生课外自学、业余学习小组等，加强对大学生创新创业能力的培养。

（二）深化“三全”帮扶模式，促进创业人才培养

“三全”帮扶模式主要有“全程覆盖”创业教育、全员参与创业、“全方位”创业孵化服务。培养人才：Open：开放思想，Practice：实践精神。“全程覆盖”创业培育，对大学生的就业和职业做好指示和规划服务，促进大学生的成长成才；教授学生就业与创业课程；加强创新创业教学；以创业园、科技园为依托，构建创新创业服务链。全员参与创业工作。发挥专业教师、兼职教师、校友资源的积极性，形成全员参与助力大学生创新创业的良好氛围；建立全员参与的创业服务制度机制；在政策指导下，构建理论实践的创业模式。“全方位”创业孵化服务。创业孵化全方位平台能够给处于创业种子期、创业融资孵化期的入孵创业团队等提供帮扶。

（三）推进研究型教学方法实施，提高创新创业教学质量

研究型教学以知识教学为依托，以培养学生的能力为主，充分发挥学生的主观能动性，尊重学生的个性，注重学生的自由发展，是一种培养创新意识和创造动机的新的教学理念和教学模式。分析教师教学和学生的学习及学习规律，为课程建设、课程考核和课程管理提供可靠的数据支持，有效推进研究型教学的开展。探索非标准化考试，实施教学过程化考核。

（四）强化创新创业实践，实施有组织的学生科技创新实践

知识经济时代，科学技术日新月异。创新精神和创新创业能力是衡量

一个国家的主要标准。加强科技创新活动，培养了学生的创新意识、创造能力、实践能力及创新创业实践能力。

二、构建创新创业文化养成大学生创新创业能力

德鲁克认为，知识化、信息化时代，生产力是经济发展的主要动力，但是最重要的是文化生产力，生产文化产品，提供文化服务，增强文化软实力，发展文化产业，树立文化也是一种生产力的观念。社会主义先进文化的标志是创新创业文化的产生。南京工业大学以创新创业文化为契机，推动创新创业的发展。下面是南京工业大学构建创新创业文化促进创新创业能力的发展路径：以传统文化构建创新创业意识。南京工业大学以传统文化为依托，通过各种形式的文化活动，着力构建学校的创新创业文化氛围，培养大学生的创新创业信念。以文化为着力点，培养创新创业知识。南京工业大学通过构建多层次、多元化、多维度的课程体系，力保大学生获得创新创业知识。积极整合课程资源，培养创新创业知识体系。发展文化，促进创新创业能力。发展文化，不但要继承优秀的传统文化、充分吸收和借鉴世界优秀文化成果、要建立在社会实践的基础上，而且要建立鼓励文化创新的体制机制。通过发展文化、繁荣文化、交流文化，扩大文化的影响力，促进人的全面发展，潜移默化地养成创新创业能力。通过创业教育培养创业技能、创业意识、创业知识、创业精神；改变人才培养的质量，从注重知识教育向注重能力培养转变；为大学生创业提供贴息贷款、创业培训、项目开发等。鼓励老师和学生参与创业，培养创业文化氛围。至此，校内创办公司的教师达 50 多位，2012 年收入达 50 多亿元。南京工业大学老师创业的现象已经蔚然成风，成立依托学科创业的公司，为其他高校老师创业树立了榜样。

三、政策创新助力提升大学生创新创业能力

各地要根据国务院的规定，具体做好创业大学生的后续保障工作，如档案保管、人事代理、社会保险和职称评定权益保障等服务。分析大学生创新创业政策，主要有以下几个方面：

一是市场准入政策。大学生创业由于受到资金、经验、技术等方面的限制，很多大学生在创业路上止步不前，鼓励大学生自主创业。

二是税费减免政策。在四川省创业的学生，自在工商所注册登记创业之日起，减免税收、管理费、登记费等。

三是资金支持。创业的四川省大学生可获得创业中相关资金的扶持，如小额贷款等。

四是服务政策。高校毕业生年内参加创业培训的可以享受培训补贴；为创办企业的大学生提供落户优惠政策。

第四章　大学生创新创业教育体系构建

第一节　大学生创新创业模式内涵

一、大学生创新创业模式概述

（一）创新创业模式的相关概念

“双创”并不是大学生创业概念的起源，但是大学生创业却因为“双创”出现了不同，并开启了创业的多元化。“双创”概念产生前后的大学生创业并不相同，以该概念为界限可以将大学生创业的相关研究分为一元化探讨和多元分析。在一元化探讨中，徐明从互联网的发展状况分析了大学生创业，并从大学生创业与互联网的结合方式分析了不同的模式。在多元分析中，苏益南等将大学生创业的类型分为“服务型创业”“知识型创业”“兴趣型创业”等类型。马君等将大学生创业的类型分为“概念创新型”“技术驱动型”等。在市场环境和政策环境逐渐成熟的情况下，大学生创业已经具有较为稳定的外部环境，可以开展不同类型的创业模式。如今的互联网高速发展，创业不可避免地与之产生了越来越紧密的关系，因此互联网创业可以说成为当前的创业热点。本书中选择大学生作为研究的对象，探讨了与大学生创业相关的一些问题。

（二）创新创业模式的相关经济学原理

1. 创新经济理论

“创新”最早在《经济发展论》一书中出现，该书的作者约瑟夫·熊彼特认为创新的核心是企业家的思维创新，企业家通过思维创新推动企业发展，从而推动社会创新。另外，他还指出产业理论中应该包含产品创新和工艺创新，这是创新的主要内容。

自提出创新理论后，创新又分化为制度创新和技术创新两种类型。制度创新是主要通过社会、管理等方面的变革来实现激励人们积极性和创造性的目标。在不断开展的研究中研究者发现，创新不仅包括技术和制度两个层面，还应该包括更广泛的领域。创新不应只包括技术和制度，还应该关注营销、系统等方面，通过社会、高校、研究机构、政府等的共同作用来实现最终的创新。

2. 比较优势原理

大卫·李嘉图提出比较优势理论后将其运用到国际贸易中，分析了各个国家的出口情况，得出了进口成本处于劣势，出口成本具有优势的结论。按照李嘉图的理论，各个国家和地区在生产不同产品时劳动生产率是不同的，由于这种差异的存在，也就产生了产品成本的优势和劣势。此外，分工不同也进一步导致劳动生产率差异的产生，而这种劳动生产率差异又会使分工深化。该理论最初提出是为了发展自由贸易，然而这种思想却从自由贸易领域逐渐扩展到各行业，并成为生产等的指导思想。创业活动中也可以使用该原理指导生产，由于创业活动本身就是一种生产产品和服务的生产行为，因此在这种比较优势原理的指导下产生了不同的创业模式。

二、大学生创新创业模式分析

（一）大学生创新创业模式的分类

如今，互联网技术进入人们的视野，影响人们的生活，加快了我国经济发展的速度。在这样的时代背景下，政府出台了一系列政策支持创业，尤其是大学生创新创业。高校也逐渐开始重视创新创业的教育培训，创业模式也不断演变，不再是传统的生存型创业，更倾向于机会型创业。创业活动增加后，创业模式日益多样化，本书选取三种常见的创业模式，结合实际案例，针对其优缺点进行了分析与比较。

1. 互联网思维下创新型创业模式

现如今，互联网技术日趋成熟，形成了信息时代，其主要特征包括云计算、大数据等。在这样的时代背景下，企业完成创新创业必须要结合互联网思维，通过该思维，大学生可以更方便地完成创业的具体工作。

（1）互联网思维下创新型创业模式的特点。对于创新型创业模式来说，结合互联网思维是创业的核心要义，企业价值链的创新是其关键点。这里所说的价值链包括价值主张、传递价值、获取价值、维护价值四个环节。商业模式创新是一种颠覆性的创新，包含营销、盈利、服务等互联网金融模式。

（2）创新型创业模式是对支付宝、美团等传统互联网金融的改造和升级。创新型创业模式中对企业的利益十分注重，企业连接的利益与其客户力量是成正比的，其网络范围越宽广，利益点就越多，实现共赢的概率就越大。例如，大家熟知的淘宝网，它的一个分支就是支付宝，支付宝连接了几亿客户，也连接了许许多多的商家，并且规模还在不断扩大，其利益点多，客户和商家共赢性也高。简单、直接是创新型创业模式的出发点和落脚点，与传统企业不同，创新型企业更注重产品生产链上的每一个环节，想尽一切办法将中间环节去掉，让企业与客户直接沟通互动，直接提供产品（服务），降低中间环节产生的成本，将利益留给自己和客户。这种消费主张和营销方式，是需要创业者不断创新和提升的。

2. 大学生创新型创业模式的实践与案例

某网络成立于 2016 年 6 月，公司目前主要经营家教平台、教育培训机构的云视频的保存和加密、传输视频的处理、直播课程网校的技术服务支持等，是一家典型的互联网技术企业，核心团队全部是在校生。创始人自 2011 年高考结束后就开始积累社会经验，最初做家教补贴生活费。在基本摸清楚家教机构的运营规则后自己开始办家教机构。大一时开始组建自己的团队，到 2014 年 3 月，建立“学霸俱乐部家教网”。但是，由于市场上相似的网站很多，同质化竞争很严重，加上家教的介绍费又是“一次性”的，“学霸俱乐部家教网”的利润停滞不前了，团队面临新的考验。2015 年，创始人开始转型，团队涉足新的领域，并成立了 MOCCLOUD，主要是做教育培训机构的云视频的保存和加密、传输视频的处理技术以及直播课程网校的技术服务支持。

3. 科技型创业模式

(1) 科技型创业模式的特点

大学生创新创业，选择科技型创业模式，不但可以有效带动就业，而且可以促进高科技成果转化为产品，赢得市场认可，促使产业结构优化升级和经济快速发展。其特点和优势突出：① 这种创业模式具有创新性和科技性，其产品和服务一般是科研机构的成果，产品和技术在行业领域先进度极高。这种创业模式能有效结合科技成果与市场需要，能极大地提高产品在市场上的竞争力。② 这种创业模式要求较高的初始资金，不仅要建造生产、销售的流水线，还要不断地对产品进行升级换代，因此要求企业的融资渠道畅通，创业投资多样化。③ 这种创业模式有较高的技术壁垒。产品的核心为科技成果，其科技性强，仿造、复制的可能性大幅度降低，因此具有较高的技术壁垒。对创业者来说，有充足的时间来开拓市场，使其创业风险有所降低。

(2) 科技型创业模式的实践及案例

GK 科技是一家以光感变色技术为特色的文化创意企业，主要经营文化创意产品、服装生产与设计。GK 科技于 2014 年 12 月 24 日在天津市登记注册，目前公司拥有自己的生产工厂和服装品牌。创业灵感来源于 2013 年的某节课堂上，创始人高科第一次接触光感变色材料。课后，创始人高科论证了光感变色材料应用在 T 恤上的可能性，最初的创业想法孕育而生，GK 科技的原始团队于 2014 年 3 月组建完毕，共五名在校生。在面临业务匮乏、资金不足等问题时，他们转变思路，找到新的营销模式，推出新的产品线，转亏为盈。

通过人才资源的储备，逐步将科技成果转化，放大平台验证，并且准确把握企业发展的机会，并利用自身的技术优势提升潜在竞争力，促进企业内部设计人才的培养，GK 科技旗下的自有服装品牌 WOGO 正式在互联网平台上线，最终实现了自己的创业梦想。

4. 公益型创业模式

(1) 公益型创业的特点

公益型创业模式具有公益性、创业性、实践性三个基本特征，三者之间是相辅相成的。开展公益型创业要以公益性为目标，因此大学生在创业时要针对社会上存在的某种普遍性问题立项，并开展各项活动以解决这个问题，保障弱势群体的利益。公益项目的可持续发展要以创业性为重要保障，为了使公益项目具有自我造血的功能，需要将该项目进行商业化、市场化运作，促进项目健康稳定地发展。公益型创业的重要前提是实践性，也就是说，公益性创业必须要可操作、能实施、切合实际、满足社会所需。

(2) 大学生公益型创业的实践及案例

杭州电子科技大学创行团队于2007年成立，社团自成立以来一直致力于以商业的方式授人以渔地运作公益项目，盲盲仁海是该团队四个在运营项目之一，致力于通过互联网改善视障者生活。项目通过教授盲人互联网技术，丰富了他们的精神文化生活，缩小了盲人群体所面临的数字鸿沟，还帮助他们加入网络无障碍建设工作中，培训他们成为用户体验师，这不仅给他们带来了收入，还丰富了他们的职业选择。为了建立可持续的盲人培训网络，项目组建立了“图书馆＋残联＋街道”的三位一体的盲人培训体系，并编写浙江省领先的盲人电脑培训手册——《视障人士电脑培训课程》，首次将语音软件操作、网上购物等实用的内容加入培训，并将这样成功的经验与其他公益组织共享。“盲盲仁海”项目还会结合移动互联网对杭州最大规模的盲人群体—推拿师进行帮扶。开发了具有按摩实时预约、点评等功能的aPP，并整合义工资源，通过互联网的方式改善更多盲人的生活质量，实现更大的公益效益。

5. 三种创新创业模式的总结分析

通过对三种创新创业模式的比较分析，可以得出如下结论：

(1) 创业初始资源有差异。在这三种不同的创业模式中，科技型创业模式要求的初始资源主要表现在创业资金、技术、场地等方面，启动创业项目的资金一般比较大，需要雄厚的资金和技术作为支撑，通常有国家、省市重点项目予以支持；公益型创业模式的初始资源要求为各机构捐赠的财物，如高校、社会团体等；创新型创业相对而言，对初始资源没有什么要求。

(2) 创业者的思维存在差异。创新型创业模式要求创业者结合互联网思维，对互联网充分了解和认识，并充分利用其特点，将互联网用于面对客户，让客户参与体验，创立开放连接、合作共赢的局面，它更加注重商业思维的创新；科技型创业模式的思维关注度在产品和技术的创新性、先进性上，以研发创新产品、新服务为目的，它更加注重技术的创新；公益型创业模式的思维方式是解决公共服务供给问题，它更加注重公共服务的商业化运作。

(3) 创业者的能力、素质有差异。从商业模式来看，创新型创业主要要求创业者具有敏锐的市场观察能力、广阔的思维创新创业能力以及果断的机会识别能力，而不太注重创业者的专业素养等。科技型创业则相反，要求创业者的专业素质一定要过硬，在技术、研发能力上有突出表现才能胜任工作，成为企业的核心中坚力量；公益型创业模式对创业者能力的要求不高，主要是需要其具有公益理想，有使命感，有奉献精神。

总的来说，无论是创新型创业还是科技型创业，又或者是公益创业，都拥有自己的创业优势，也存在一定的不足。因此，大学生选择时一定要结合自身的优势，为实现梦想做好充足准备。

（二）大学生创新创业的新模式

“互联网＋”为大学生创新创业提供了新的发展模式，影响了其创新创业能力。传统的互联网创新创业正逐渐被新型互联网创新创业取代，在未来的发展道路上，大学生在创业过程中应该注意的是，加强对行业进行细分，从细节上制胜，形成企业自身特点。

1. 走信息技术孵化的创业模式

当前互联网金融逐渐兴起并且发展势态良好，因此，大学生创业要抓住这个机遇，在选择创业模式时尽量充分结合互联网金融，以信息技术为核心，走信息技术孵化的大道。如今任何一个行业都在使用大数据，通过这种方式可以实现信息价值利用最大化，信息技术不断更新，而互联网能以最快的速度更新数据，帮助人们关联分析、精准预测，为发掘商业价值提供必要的参考。在不久的将来，数据中心将由“成本”转化为“利润”，在信息孵化行业中，数据资产将是影响竞争力最关键的因素之一。

2. 走服务体验非标准化创业模式

互联网时代用户的感受得到十分重视，因此有了这样的说法：“得用户者得天下”。大学生在创新创业过程中，要想成功，就必须提供优质的服务，赢得用户的认可。此外，在互联网金融时代背景下，体验式服务是非常受大众欢迎的，其特点是通过非标准化来获得大量用户的青睐。在经济发展如此快速的今天，企业要想收获粉丝，必须将服务统一标准，但服务本身是非标准化的，也就是要针对不同的客户群体制定不同的服务标准，让客户产生专属体验，感受到企业的用心，才能抓住客户，使他们成为忠实粉丝。

3. 走创新概念极致化创业模式

现如今，互联网创业不仅是时尚的代表，还是先进理念和经济效应的代表。因此，大学生创业也应追求“时尚”，将“互联网＋”与创业充分结合起来，使产品和服务极致化发展，让企业经营的每一个环节都体现出产品设计、文化销售等方面的创意，将创新概念极致化。大学生互联网创业产品不仅要具有观念价值，还要具有情感价值，在产品设计理念上使其使用价值和价值充分融合，达到极致，由其内在功效作为“活广告”，使客户为其欣喜若狂，从中获得美好的感受，体验到满意的感觉。

4. 走产品内涵融合创业模式

互联网金融消费越来越普及，越来越受到人们的认可，许多消费产品或消费场景都离不开互联网。因此，大学生在创业过程中也应该走内涵融合创业的模式，实现四个全面融合（线上线下全面融合、新旧媒体全面融合、企业之间全面融合、全球本土全面融合）发展，使利润最大化。这种跨界式的全面融合经济价值是无限大的。打通产品与资本经营之间的通道，使各行业壁垒不攻自破，整合资源，提高产品质量，寻求行业之间的融合点，使产品更高效、便利，这样才能获得更高的利润。

5. 走高层级式迭代产品创业模式

互联网思维模式在不断创新，大学生创业模式也应该随之进行高层级式跨越创新。在如此好的环境条件下一定要抓住机遇，研发出更好的创业模式，生产出更先进的产品，掌握产品价格主动权，使产品理念概念化发展。创建自主设计产品团队，设计属于自己品牌的产品，可以重复使用，衍生后代，不断向更高层次的产品迈进。研发的产品还要结合市场要求，获得市场的认可，只有这样才能在激烈的竞争中脱颖而出，拥有自主定价权。

三、大学生创新创业模式存在的问题

（一）创新创业模式单一

目前大部分大学生在选择创业模式时都存在模式单一的问题，借助互联网的发展，传统行业纷纷转型，但是其传统商业模式的性质并没有改变，大部分只是在营销手段上进行改革，缺乏新意。随着科学技术和经济水平的发展，已经涌现出大批依托“互联网＋”技术而兴起的各种新兴行业和领域，也应该是以后大学生创新创业的一个主要方向。所以大力培养大学生的创新创业思维和意识，是亟待解决的问题。

（二）技术壁垒不高

在大学生创业的起步阶段，由于技术壁垒较低，其经营模式可能会遭到同领域其他企业的效仿，面临被同领域其他高质量企业压迫的风险。因此，大学生创业时必须要拥有技术与服务方面的明显优势，高校可以借助团队的力量，构建高质量的人才梯队，提升大学生的创新意识，提高岗位的匹配度，使技术型和管理型人才充分发挥自己的优势。在对市场环境进行准确分析之后，建设符合市场发展需要的项目。

（三）创新创业外部环境有待提升

创新创业作为推动经济发展的重要力量，需要一个良好的外部环境。然而，目前的外部环境仍有待提升。首先，政策支持力度不够。尽管政府出台了一些扶持政策，但是在实际执行过程中仍存在不够精准、门槛较高等问题，许多中小企业难以获得实质性帮助。其次，融资渠道不通畅。许多初创企业面临融资难的问题，银行贷款门槛高，风险投资偏好成熟企业，导致资金链容易断裂。此外，知识产权保护力度不大也是一大阻碍。创业企业往往依赖于创新技术，但知识产权侵权案件频发，企业维权成本高，导致创新热情受挫。

（四）社会资源整合能力较差

大学生在创业初期往往不能精确地进行市场定位，缺乏相应的战略管理能力，不能有效利用社会资源。面对这些问题，各大高校一般倾向于举办科技创新比赛，但是这些比赛的开展对学生创新理念的落实并没有很好的帮助。此外，一些高校缺少必需的创新孵化设施，大学生的创新项目无法得到有效开展。由此可见，为了促进大学生更好地实施创新项目，企业、高校与社会需要加强合作，为大学生提供足够的机遇。

第二节　大学生创新创业教育体系构建的必要性和可行性

一、大学生创新创业教育体系概况

我国大学生创新创业教育发展具有时代性，深受我国市场经济发展程度的影响。由于我国市场经济发展时间较晚，我国大学生创新创业教育研究和实践的开始时间相比国外发达国家而言较晚。20 世纪 70 年代末，中国实行改革开放，社会主义市场经济的发展进入高速轨道，高校教育发展的环境发生了很大的变化。1985 年，国家对高校教育管理进行改革，扩大高校办学的自主权，增强了高校活力。这一时期，虽然创新创业教育还是空白的，但是市场经济的发展和高校管理制度的改革为创新创业教育的萌芽创造了良好的环境。1989 年，以科技创新为主体的首届“挑战杯”的举办，激发了大学生进行科技创新的热情。高校相继举办了类似的活动，创新创业教育的萌芽孕育在这些大学生活动中。随着市场经济的进一步发展和民营经济的跨越式发展，政府越来越重视创新创业教育，出台了一系列相关政策，对创新创业教育的发展影响较大的是 1999 年教育部颁发的《面向 21 世纪教育振兴行动计划》。

21 世纪初，高校在政府的引导下，进行了创新创业教育的多元化探索。2002 年，教育部把清华大学、中国人民大学、北京航空航天大学、上海交通大学等 9 所高校作为创业教育试点院校，形成了具有代表性的三种创业教育模式——“人大模式”“北航模式”“上海交大模式”。2005 年 8 月，由共青团中央牵头，在华开展实施大学生 KAB 创业教育（中国）项目，这个项目为大学生创新创业教育提供了丰富的经验，目前这个项目被高校广泛应用。通过这个项目，大学生的企业家精神、创业意识获得了极大的培养。2010年，教育部颁布了关于大学就业的文件——《关于大力推进高等学校创新创业教育和大学生自主创业工作的意见》。在此之后，政府出台了一系列的政策和方针，支持、引导、鼓励高校开展“双创”教育工作。2015年，李克强总理在政府工作报告中提出“大众创业，万众创新”，极大地激发了大学生创新创业的热情，掀起了创新创业教育和创新创业的高潮。

从试点探索到现在，我国大学生创新创业教育经历了飞速发展。我国大学生创新创业教育从开始的空白，到现在的绝大部分高校都会开设关于创新创业的必修课和选修课。我国大学生创新创业教育发展如此之快，是社会主义现代化建设的必然要求，是改革开放和市场经济发展的必然结果。但是我们要认清一个事实，那就是我国大学生创新创业教育体系不完善。

二、大学生创新创业教育体系构建的必要性

（一）知识经济时代的必然选择

当今世界已经进入知识经济时代，知识经济时代与农业时代和工业时代不同，知识和智力成为这个时代经济发展的基础。在知识经济时代，知识创新创业能力和科技创新创业能力决定了综合国力的发展程度。因此，世界各国不约而同地聚焦创新型人才的培养，把发展创新创业教育作为高等教育改革的目标，致力于培养新时代需要的高素质创新创业型人才，以便在竞争日趋激烈的国际竞争中占据有利位置。知识经济时代充满机遇和挑战，为应对挑战，把握机遇，我国非常重视提高自主创新创业能力。在党的十九大会议上提出了创新是引领发展的第一动力，是建设现代化经济体系的战略支撑。

创新的关键是人才。我国创新型国家发展战略的实现需要高素质的创新型人才的支撑。培养创新型人才，我国才能把握住知识经济时代的机会，应对知识经济时代的挑战。人才的培养要靠教育，高等教育承担着培养创新型人才的使命，高校必须发展创新创业教育。

（二）高校教育可持续发展的必然要求

中国已经成为世界高等教育第一大国，这是一项了不起的成就，但是我

国还必须深化高等教育改革，提高高等教育办学水平和办学质量，实现向教育强国的转变。从根本上讲，高校办学水平和办学质量取决于培养的大学生是否符合社会发展的需要。高校培养的大学生是否符合社会发展的需要，要看大学生的综合素质和能力，而当今社会对人才素质的要求越来越高。构建大学生创新创业教育体系，将大学生创新创业教育贯穿高校人才培养的全过程，能够转变以传授知识为主的教育理念和教育模式，并为大学生自主创业创造优良的环境和条件，促使大学生创业成功。如果具备创新创业能力的大学生选择一份工作，因其综合素质高，特别是实践能力强，呈现较强的就业竞争力，往往很受企业的欢迎。高校大学生在毕业之后能否实现自我价值，获得较好的发展，对学生的声誉和发展很重要。如果大学生毕业之后发展前景好，会提高学校的声誉，学校的生源质量就好。高校通过大学生创新创业教育体系培养出优秀的大学生，优秀的大学生能够提高高校的声誉，高校能够提高生源质量，而基础好的学生通过大学生创新创业教育体系的培养更容易成才。如此形成良性循环，有利于深化高校教育改革，推动高校教育的可持续发展。

（三）大学生个人成长的迫切需要

大学生要想成为一个高素质的人才，必须全面发展。在人的全面素质中不仅包含思想品德素质、基础文化素质、技术和职业素质，还包含创业素质，不仅要德、智、体全面发展，还要具有开辟意识和创新的精神。在人的全面素质中，创业素质的综合性更强，层次性更高，对大学生的个人成长起着指引和支撑作用。

构建大学生创新创业教育体系对大学生个人成长的意义是为大学生的发展奠定基础和提供帮助。在高校开展创新创业教育，能够提高大学生的积极性和主动性，挖掘学习和做事的潜力，充分发挥大学生的能力和才华。有规划、有方式、有平台地培养大学生的实践意识、事业心和责任感，提升大学生的实践能力，这些意识和能力对其将来的职业发展和创办企业至关重要。构建大学生创新创业教育体系，政府、高校、企业为大学生创业提供保障、支持和服务，促使大学生创业成长、成功。因此，大学生的能力和素质的提升、就业竞争力的增强、创业梦想的实现，迫切需要构建大学生创新创业教育体系。

三、大学生创新创业教育体系构建的可行性

（一）国外高校创新创业教育的先进经验提供有价值的参考

西方发达国家高校创新创业教育的发展时间较我国早，而且深受政府的重视，目前创新创业教育水平比较高，形成了比较系统、完整的大学生创新创业教育体系，为我国大学生创新创业教育体系构建提供了理论和实践基础。第一，国外高校将创新创业型人才的培养作为高校办学的重要使命之一，把创新创业教育贯穿高校教育人才培养的每个环节。德国非常重视在专业课程教育中渗入创新创业教育，做得比较成功。第二，国外注重构建创新创业教育支持和保障体系，为大学生创新创业提供政策支持和法律保障，并且提供的融资方式灵活多样，为大学创新创业提供资金支持。美国为解决创业者早期面临的资金难题，专门建立早期创业基金。第三，美国建立校内外创新创业师资队伍，重视利用企业家的经营管理和创业经验，提高创新创业教育水平。第四，国外高校构建创新创业教育体系，具有开放性特点。学校、政府、企业联系密切，搭建创新创业教育协同机制，共同为大学生创新创业活动服务。这四个方面是国外高校构建创新创业教育体系先进经验的一部分，当然还有很多方面的研究和实践值得我们学习，对我国大学生创新创业教育体系构建具有重要启发和借鉴意义，不仅为我国构建大学生创新创业教育体系指明了途径，也坚定了我国构建大学生创新创业教育体系的信心。

（二）国家创新创业相关政策提供的保障

创新创业已经成为社会热潮，对国家、社会和个人都具有积极意义。近几年，国家出台了一系列创新创业相关政策，为大学生创新创业教育体系的构建营造了良好的环境。国务院出台的文件《关于发展众创空间推进大众创新创业的指导意见》提出简化创办企业的手续，为创业者提供优惠政策，优化创业孵化服务。国务院出台的文件《关于进一步做好新形势下就业创业工作的意见》强调加强创业服务。国务院出台的文件《关于深化高等学校创新创业教育改革的实施意见》对高校发展创新创业教育提出了具体要求。国务院出台的文件《关于大力推进大众创业万众创新若干政策措施的意见》指出为创业者提供金融支持，激发创业活力。国务院出台的文件《关于印发

进一步做好新形势下就业创业工作重点任务分工方案的通知》强调各部门要加强协作，更好地为创业者服务。国家近几年出台的创新创业相关政策数量增加很多，而且频率越来越高。

（三）大学生创新创业意识的觉醒

以前大学生毕业之后通常选择一份稳定的工作，很少主动考虑自主创业，很多大学生毕业之后选择自主创业往往是因为没有找到心仪的工作，就算有些大学生主动考虑自主创业，也是希望工作一段时间，通过工作平台积累人脉、资源和资金后再打算自主创业。大学生的这种择业心理反映了大学生并不是热衷于自主创业。但是目前，大学生创新创业意识觉醒，越来越多的大学生在学校期间就开始寻求机会自主创业。大学生创新创业意识觉醒，大学生产生接受创新创业教育的渴望，推进了大学生创新创业教育体系的构建。

第三节　大学生创新创业教育体系构建的对策建议

开展创新创业教育是高校深化改革的突破口。国家和政府提出高校要普遍开展创新创业教育。本章针对大学生创新创业教育存在理念认识偏差、课程体系不科学、师资力量薄弱、理论脱离实践、支持保障体系不完善、创业文化淡薄、评价体系不合理等问题，进一步提出构建涵盖目标体系、知识体系、支持和保障体系、实践平台和评价体系等方面内容的可操作、易推广的大学生创新创业教育体系。

一、大学生创新创业教育体系的构建原则

大学生创新创业教育体系的构建，并不是主观臆造的，必须按照创新创业教育的规律、大学生创新创业教育体系的目标科学设置，是在一定理论依据和实践基础上按照一定原则提出来的。

（一）与思想政治教育相结合的原则

思想政治教育对大学生的影响是潜移默化、循序渐进的，思想政治教育以一种被乐于接受的方式传授给大学生学科内容。思想政治教育作为必修

课，当前在高校主要弘扬了社会主义的核心价值观，通过塑造信念、规范行为、提高认知、锻炼意志，是引导大学生树立正确的人生观、价值观和世界观的基础学科，对大学生的成长有着非常重要的影响。思想政治教育能够保障大学生创新创业教育的有效、持续实施，对培养大学生创新精神、创业意识和创新创业能力起着引导作用。

（二）与传统教育相结合的原则

中国传统教育不仅传授知识，还帮助学生树立正确的价值观、人生观、世界观，把学生培养成德、智、体、美、劳全面发展的综合性人才，同时具备较高科学文化素养和道德修养。中国传统教育的教育理念和方式是被中国教育系统和社会系统所认可的稳定的基础性教育。当前中国进入知识经济时代和信息化时代，社会主义现代化建设需要创新精神、创业意识和创新创业能力的高层次人才。对中国传统教育研究，我们会发现中国传统教育包含创新创业教育因素，但是这种创新创业教育因素是不容易被察觉的。虽然创新创业教育与中国传统教育在教育理念和方式上有所不同，但是创新创业教育是在中国传统教育基础上发展而来的，创新创业教育与中国传统教育互补。需要注意的是，创新创业与中国传统教育有机结合在一起，要保持一定的独立性。

（三）创新性与实践性相结合的原则

大学生创新创业教育既具有创新性的特点，也具有实践性的特点，创新性与实践性不是相互独立的，而是有机结合在一起的。大学生创新创业教育的创新性体现在教学理念和教学方式的创新，教育理念和教育方式的创新来源于实践性。大学生创新创业思维和能力的提高，必须要通过实践教学的培育。概括地讲，创新来源于实践并指导实践，最终服务实践。大学生创新创业教育创新性与实践性的这种良性互动关系，有利于提高高校的办学水平，能够更有效地培养高素质和高层次的人才，因此，大学生创新创业教育体系需要坚持创新性与实践性相结合的原则。

（四）一致性与差异性相结合的原则

高校各专业的人才培养目标都是培养适合社会需要的高素质、能力强的人才。创新创业教育培养的是具有创新创业思维和能力的高素质人才，并且符合当代社会人才观的发展要求，因此创新创业教育与高校各专业的人才培养目标是一致的。然而，地区不同，高校类型不同，学科不同，专业不同，学生的情况不同，创新创业教育模式也相应有所不同。创新创业教育要根据实际情况，因材施教、因地制宜，设计不同的教学方式和教学目标，不可一刀切，盲目模仿。

二、大学生创新创业教育体系的构建目标

人类的任何一种活动，都是由目标引领的。目标又分为总目标和分目标，分目标在总目标的统领下，形成来自各个方向的合理结构。大学生创新创业教育体系依然由不同的创新创业教育体系的分层目标所构成，最终汇成创新创业教育体系的总目标。

（一）构建大学生创新创业教育体系的总目标

创新是时代的主题，人才是创新的基石，社会主义现代化建设同样需要人才。而大学生创新创业教育培养的就是创新创业型人才。大学生创新创业教育体系的总目标：构建一套科学、合理的涵盖创新创业教育目标、知识体系、支持和保障体系、实践平台、评价体系的体系，整合校内外各种资源，把创新创业教育融入高校人才培养，创造优良的创新创业环境，促进大学生全面发展，为实现创新型国家战略和社会主义现代化建设提供人才保障。

（二）构建大学生创新创业教育体系的分层目标

因材施教才能充分发挥大学生的潜力，帮助他们顺利成才。不同大学生的创新创业态度不同，创新创业兴趣不同，创新创业实践程度也不同，不同的教育个体有不同的特点。创新创业教育需要采用分层目标教育法来解决教育过程中出现的实际问题，这样才能提供针对性更强、效果更好的指导和引导。因此，根据受教育对象的不同情况，可以把大学生创新创业教育体系的目标分为三个层次。

（1）普及型的创新创业教育，传授基础知识，启蒙大学生创新创业意识。

不少大学生有通过创业实现自我价值的想法，渴望接受创新创业教育。面对大学生普遍的需要，高校开设创新创业教育课堂，对大学生普及创新创业的基础知识尤为重要。普及型的创新创业教育属于创新创业教育体系分层次中最基础的层次，目的是唤醒大学生创新创业兴趣和热情，了解创新创

业基础知识，具有一定的启蒙意义。

(2) 专业型创新创业教育，以实训课程为主，竞赛为辅，提高大学生的实操能力。

在高校中，对于一部分有创新创业想法的大学生，适合开展专业型的创新创业教育来满足他们的需求。专业型的创新创业教育课程提供给大学生的不仅仅是创新创业基础知识，还通过实践课程和各类竞赛活动提供实践教学，理论结合实践，加深大学生对创新创业理论知识的理解。

(3) 个性化创新创业教育，提供物质支持和技术指导，实现创新创业愿望孵化。

个性化的创新创业教育，也称为孵化教育，主要针对的是掌握了一定的创新创业知识和技能，同时也有创新创业构思的大学生。个性化的创新创业教育对大学生的创业项目提供物质支持和技术指导，在政策、服务、资金和咨询等方面服务大学生创新创业。孵化教育是大学生创新创业教育中最高层次的教育，其主要功能是将创新创业愿望成功转化为创新创业实践。另外需要注意的是，个性化的创新创业教育不是仅仅提供孵化平台，给予政策和资金支持，还应给予大学生经营方面的指导。

三、大学生创新创业教育体系的构建思路

大学生创新创业教育体系实际上是一个极其复杂的系统工程。构建大学生创新创业教育体系包括观念的更新、师生关系的调整、各种体系的搭建和各项资源的整合等方面。通过研读国内外文献，借鉴国外高校创新创业教育发展经验，总结我国创新创业教育实践情况，大学生创新创业教育体系的构建必须把握几个要点：第一，要以大创新创业理念来设计大学生创新创业教育体系，与时俱进，实现从精英教育向大众教育、从创业教育到创新创业教育、从阶段教育向终身教育的转变。第二，创新创业教育必须面向全体大学生，而不是只针对部分大学生的教育。不同的学生的兴趣、能力等存在差异，创新创业教育面对不同的学生，应采取不同的教学内容和教学方式。第三，将创新创业教育与专业教育有机结合，而不是简单叠加。在高校专业课程体系中融入创新创业教育理念，配备相应的师资队伍，采用合适的教学方式。第四，创新创业教育体系要打造的是一个包括高校、政府、企业、大学

生协同合作的综合主体系统，在这个系统中，高校、政府、企业、大学生齐心协力，整合校内外各种资源，为大学生创新创业服务。

将创新思想普及、渗透到教育体系的各个环节中，对于大学生创新创业教育体系的构建，要以科学的理念为指导，围绕目标体系，将创新创业教育融入教学课程体系，培养创新创业教育师资队伍，突破课堂教学的局限，搭建创新创业教育所需各类实践平台，整合各方资源力量予以支持保障，并辅之以科学合理的评价体系。

四、大学生创新创业教育体系的构建内容

大学生创新创业教育体系是指整合大学生创新创业教育的各种要素构成的一个有机整体，由多种社会资源和政策环境汇聚而成的系统。以大学生创新创业教育目标体系为核心，围绕创新创业教育的知识体系、实践平台，依托服务保障平台和评价机制等方面，科学系统地构建"高校、政府、企业、社会、学生"多方联动的大学生创新创业教育体系。

（一）构建大学生创新创业教育目标体系

教育目标作为教育体系各要素的基础，有着非比寻常的地位。当大学生创新创业教育目标明确后，方能围绕目标来选择教育的内容、选取适合的教育方法和模式、提供必要的支持保障。通俗来讲，大学生创新创业教育的目标绝不仅仅是让更多的大学生选择创业，要树立大的创新创业教育观，将创新创业教育与思想政治教育有机结合，充分发挥思想政治教育的育人、导向和调节作用。

大学生创新创业教育的根本目标是培养全面发展的人才，而培养具有创新意识、创新精神和创新创业能力的高素质人才是具体目标。创新创业意识、创新创业道德品德、创新创业知识、创新创业能力四个维度，构成了大学生创新创业教育目标体系。

1. 大学生创新创业意识

创新创业意识是一种态度，是对创新创业的重要性、价值性的认识水平以及由此形成的对待创新创业的态度，并用这样的态度来调整和规范自己的活动。创新创业意识的培养在于激发大学生的创造性和创新精神，培育大学生的责任感，事业心和艰苦奋斗、顽强拼搏、不屈不挠的精神，提高大学

生创新创业的积极性和主动性。

大学生在创业过程中会面临很多困难和挫折，如果大学生没有强大的精神支柱，创新创业教育和创业的积极性与主动性会受到影响。大学生要想在困难、挫折面前保持积极性和主动性，需要开发大学生的创新精神。创新精神是一种艰苦奋斗、顽强拼搏、不屈不挠的精神。大学生具备了创新精神，在创业中遇到困难和挫折才不会退缩，敢于正视它们。

在大学生创新创业教育中融入思想政治教育的内容，让学生接受思想政治教育和训练，树立正确的创新创业目标，有助于提高大学生对社会和他人的责任感，增强大学生创新创业的成就动机。同时，思想政治教育能够充分调动大学生的积极性和主动性。大学生对创新创业积极性高、主动性强，就会主动学习和钻研创新创业知识与技能，其智力和能力就会发展更快，创造性会更好，大学生创新创业教育就会达到事半功倍的效果。很多大学生并不能深刻地认识到创新创业教育的意义，也很难树立正确的创新创业目标。

2. 大学生创新创业道德品德

大学生的创新创业道德品德主要是帮助他们树立正确的价值观、人生观和世界观，培养大学生的自律性，使得大学生能够很好地处理个人价值和集体价值的关系，形成正确的价值评判标准。

良好的创新创业道德品德意味着大学生在创业过程中对于是非善恶的评判有着正确的价值评判标准，是大学生创业成功的基础和前提。当个人价值和集体价值发生冲突时，具备良好创新创业道德品德的大学生能够很好地处理个人价值和集体价值的关系。大学生要想形成良好的创新创业道德品德，需要思想政治教育融入大学生创新创业教育，对大学生进行专门的道德品德教育。思想政治教育的道德品德教育能够提升大学生的品行，规范和引导他们的行为。

3. 大学生创新创业知识

大学生创新创业知识是大学生从事创新创业的基础。创新创业知识涉及多学科知识，包括经济学、法学、会计学、市场营销、管理学、心理学等，大学生创新创业教育注重全面的知识学习，兼顾理论知识和应用知识，创新创业知识的学习和运用是创新创业教育的重点。

4. 大学生创新创业能力

培养大学生的创新创业能力主要是培养大学生社会职业所需要的专业能力。合理、科学地整合人、财、物、时间、空间的经营管理能力;善于把握机会、搜集利用信息、适应变化、社交的综合性能力。

（二）优化大学生创新创业教育知识体系

大学生创新创业教育知识体系由大学生创新创业教育课程体系和大学生创新创业教育师资队伍两个部分组成。完善的大学生创新创业教育课程体系和高素质的师资队伍是开展大学生创新创业教育的保障。

1. 大学生创新创业教育课程体系

大学生创新创业教育课程体系是高校实现培养目标的基本载体。设置大学生创新创业教育课程体系,要一切从实际出发,符合高校自身的学科特点和大学生的成长特点。大学生创新创业教育课程体系的设计必须坚持“以人为本”,传授大学生完整的创新创业基础知识,达到促进大学生全面发展目标。同时,大学生创新创业教育课程体系设置要满足社会经济发展的需要,服从国家发展战略。

大学生创新创业教育课程体系必须系统、完整。根据培养创新创业型人才的需要,大学生创新创业教育课程体系的主干课程应包括创新创业必修课、创新创业选修课、创新创业专业实训课、创新创业专业实践课。设置大学生创新创业教育课程体系应体现多样性、层次性、实践性。创新创业教育必修课和创新创业教育选修课有机结合在一起,根据不同年级的大学生特征,安排必修课和选修课时,配置科学的比例关系,确保创新创业教育能够循序渐进、因材施教。此外,创新创业教育课程要和专业课程有机结合,使高校教学模式在整体上得到优化。大学生在专业课学习基础上接受创新创业教育,大学生受创新精神启发和引导,专业课的学习更具深度。

科学完善的大学生创新创业教育课程体系要求高校根据大学生的不同需求和培养目标,在教学过程中,综合运用创新创业通识知识、专业知识以及创新创业实践知识,并能结合课堂教学和课外活动。创新创业必修课帮助大学生养成创新创业意识,了解创新创业基本知识;创新创业选修课根据学生自身实际和需要,选择性地传授创新创业知识,完善大学生知识体系;

创新创业专业实训课程通过模拟仿真的创业环境，检验大学生的创业管理能力和创业风险防范能力；创新创业专业实践课程借助校内外创新创业教育基地，使大学生在课堂上学到的专业技能应用于创新创业实践活动的平台，培养大学生实践能力。

（1）创新创业必修课

高校开设创新创业教育必修课，必须要规定相应的学分和课时，需要注意的是，创新创业必修课属于创新创业教育基础课程，因此，创新创业必修课应根据所有大学生普遍的、共同的需要来设置教学内容，创新创业必修课的教学完成标准要符合大多数大学生的水平，不应过高，也不应过低。如果大学生获得专利或者注册公司，高校应审核授予相应学分，创新创业必修课学分可灵活授予。创新创业教育必修课旨在激发大学生创新创业的热情，传授创新创业基础知识。

（2）创新创业选修课

创新创业选修课主要满足对创新创业某方面有浓厚兴趣的大学生的需要，适应大学生学习创新创业课程的不同情况，因材施教。创新创业选修课致力于培养在创新创业方面有潜质的大学生，挖掘这一类大学生的潜力。创新创业选修课能够把具有不同专业知识和思维习惯的大学生聚在一起，背景多元化的大学生互相交流碰撞出更多灵感。创新创业选修课使得大学生能够学习层次更高的创新创业知识，主要培养大学生的三大能力，即社会职业所需要的专业能力；合理、科学地整合人、财、物、时间、空间的经营管理能力；善于把握机会、搜集利用信息、适应变化、社交的综合能力。

（3）创新创业专业实训课程

根据创新创业教育理论，创新创业专业实训课程设计和模拟真实的创业环境，让大学生模拟经历创业的过程。创新创业专业实训课程的主要形式包括校企合作基地、创新创业实训基地、网络软件模拟创业过程。这种亲临其境的教学课程能够培养大学生对创业的预见能力、规划能力、处理突发事件的能力和实际操作的能力。

（4）创新创业专业实践课程

大学生创新创业教育是实践性很强的教育模式，因此，创新创业专业实践课程必不可少，并且在创新创业教育中占据很重要的地位。创新创业专业实践课程除了利用高校的资源外，还要充分利用企业的资源，因为企业参与大学生创新创业实践教学，不仅能够为大学生提供实践平台，还能为大学生提供有益的指导和帮助。市场是残酷的，创业失败就意味着人力、物力、财力的耗损，而大学生创新创业的资源是宝贵的，这就要求创新创业专业实践课程建立在可靠的创业项目基础上。大学生形成创业想法之后，需要有专业的老师指导，经过头脑风暴和市场调研后，制订出可行性很高的创业方案，大学生创业项目才有机会进入市场，在真实的环境中运作。

2. 大学生创新创业教育师资队伍建设

教师是进行教育、实现教育功能的基本力量。高素质的教师是保证创新创业教育质量的基础。目前，我国大学生创新创业教育师资队伍主要由三类人员组成：一是高校创新创业教育专业教师。他们一般有较好的理论基础，能够系统地讲解创业所需的专业知识，但是这部分教师大多数没有创业经验，实践经验缺乏；二是由学生工作师资队伍和思想政治理论老师组成。他们对大学生如何成才、如何激发大学生的创新创业意识等有其独特的方法，但是由于学科知识和实践经历的缺乏，也不能适应创新创业教育需求；三是社会上的企业家、公益人士等，他们有着丰富的创业实践经验，但他们对大学生创新创业教育的理解不系统、不全面。大学生创新创业教育教师，应该具有较高的道德品质、高度的敬业精神、与时俱进的教育观念、全面综合的知识结构、高超的教育艺术、管理艺术等。打造创新创业师资队伍，可以从以下几点着手：

（1）制定大学生创新创业教育教师管理制度

建设大学生创新创业教育师资队伍，要制定完善的管理制度。创新创业教育教师管理制度应涵盖以下内容：创新创业教育教师聘任制度、规定创新创业教育教师权利和职责的范围、创新创业教育的考核评价制度等，明确规定创新创业教育教师的来源、权利、义务，通过奖惩制度激励教师，调动教师的积极性，保证教师的稳定性。

（2）重点打造大学生创新创业教育的专职教师队伍

打造高素质的创新创业教育专职教师队伍，能够保证创新创业教学质量，有利于提高创新创业教育在高校的地位。打造创新创业教育师资队伍，可以从以下几个方面做出努力：第一，高校应成立专门的创新创业学院。专门的学院建制，能够吸引人才的加入，在组织上保证创新创业师资队伍建设。第二，明确并严格执行大学生创新创业教育专职教师任职资格的标准。创新创业教育是一门综合性很强的学科，涉及管理学、经济学、心理学、教育学等学科知识，并且具有很强的实践性，这就要求创新创业教育专职教师的知识结构涉及多个学科知识，并且具备创新创业方面的实践经验。为保证创新创业教育专职教师任职资格的标准严格执行，高校应成立创新创业教育学院建设小组，小组成员由校领导、人事处、教务处和创新创业学院组成，小组监督并严格执行任职资格的标准。第三，国外大学的创新创业教育起步早，有很多优秀的创新创业教育做法值得学习，选拔优秀的专职教师出国学习先进的教育理念和教学方式，提高专职教师的素质。第四，丰富专职教师的实践经验。高校组织专职教师前去企业学习，体验企业创业经历，此外，高校应鼓励和扶持有创业项目的专职老师去创业。

(3) 选聘优秀的大学生创新创业教育兼职教师

选聘优秀的大学生创新创业教育兼职教师有利于高校创新创业教育深度开展。创新创业教育兼职老师要具有相关创业背景，这样才能有效辅导大学生创业，指导创业计划的制订，传授创业孵化经验和经营管理经验，对大学生的培养有着重要的作用。创新创业教育兼职老师可以从下列人员中聘任：一是有着较高文化素养、丰富实践经验的企业家、创业者。二是创新创业知名专家。专家对创新创业有着深刻的理解，对创业流程和公司的运作也很清楚，对大学生的指导和帮助都很大。三是有创业经历的本校在校生或者是毕业生，由他们传授创业知识，分享创业的经验和教训。

(4) 加强对大学生创新创业教育师资队伍的培训

高校除了在师资队伍的入口把关，还要建立系统的创新创业教育师资培训制度。培训大学生创新创业教育师资队伍可以从以下几个方面着手，第一，组织创新创业教育师资队伍定点、定期参加国家级或者省级高校创新创业教育师资培训班，提高师资业务水平，更新教育理念。第二，定期开展校内创新创业教育师资培训班，聘请国内外知名的创新创业教育专家，培训校内创新创业教师授课内容和授课方式。第三，鼓励和支持创新创业教师参加国内外研讨会。第四，搭建创新创业教育师资网站，制定线上共享管理制度，引导创新创业教育教师在网络平台上分享教学经验和课件，加强全国大学生创新创业教育教师之间的交流。第五，高校组织创新创业教育教师深入企业，学习企业运行模式、经营管理模式和创业历程，以便更好地胜任实践和实训课程的教育。

（三）完善大学生创新创业教育支持和保障体系

大学生创新创业教育支持和保障体系，可确保创新创业教育能够持续、健康、快速地发展。大学生创新创业教育支持和保障体系为大学生创新创业教育的开展营造良好的外部环境。同时为大学生创新创业提供政策法规、服务、培训和资金等方面的保障和支持，促进创新创业教育的有效有序开展。

大学生创新创业教育支持和保障体系包含政府、高校、企业、社会、家庭五主体和风险防范体系。政府是创新创业教育的主要推动者、组织者、资金支持者，甚至是参与者，为创新创业教育提供政策、组织和物质等各类保障，有效推动创新创业教育的发展。高校作为创新创业教育的重要实施者，除了提供师资，还培养学生创新创业能力。社会是创新创业教育的坚强后盾，提供良好的人力资源，提升大众的创新创业意识，营造创新创业的大氛围。企业为创新创业教育提供实践场所、实践能力强的师资，还可以提供各种创业项目的支持等。家庭为大学生创新创业提供重要的经济支持和精神支撑。在创业过程中不可避免会遇到各类问题，大学生可以运用法律知识加强风险防范。“五主体一体系”构成了大学生创新创业支持和保障体系，为创新创业教育的有序开展提供支持和保障。具体如下：

1. 政府

第一，政府利用各种媒体，对创新创业政策进行宣传和讲解，为创新创业提供舆论支持。第二，政府除了加大投入大学生创新创业教育经费，还需要制订激励措施，积极引导、调动高校和企业对大学生创新创业教育的投入，增加大学生创新创业教育经费的来源，同时政府要加强对经费使用情况的监管。第三，政府应积极制定更多的能够满足大学生创业者需求的政策，创业政策要实效性好、针对性强，比如，降低大学生创业的准入门槛，简化大学生创业的审批手续等，并提高社会服务意识，为大学生创业者提供积极、热情的政策咨询服务。第四，为大学生解决创业时面临的最大困难—资金困难，政府应设立大学生创新创业基金，提供免息贷款，出台针对大学生创业者的融资政策，为大学生提供创业起步资金；政府还应出台针对大学生创业者的税收优惠政策、创业补贴和奖励政策，为大学生创业者减轻资金负担。第五，政府应调动社会力量，配合主管政府部门定期审核政策执行的质量和效果，保证政策切实落实。

2. 高校

第一，高校要保障创新创业教育质量。可以通过改进创新创业培养方案、优化课程设置、提高师资水平等方式；第二，利用校内各种宣传媒介，比如校报、校广播、学校宣传栏、学校网站、横幅等校园媒体对大学生普及创新创业知识，宣传创新创业意义，并以创新创业为主题，设计朗朗上口、表达准确、利于传播的口号。第三，搜集和整理大学生自主创业事例，整理成册，通过读书会的形式分享这些大学生的创业经历，也可以通过微信公众平台和学校网站进行宣传。第四，邀请大学生创业者举办创业分享会，分享创业经历和心得。第五，举办各类创新创业校园活动，要注意的是，这种活动要办得有趣，并且受众面要广。第六，邀请优秀的企业家来校宣讲，分析这个时代给予大学生去创业的机会，现身说法，讲解创业的意义。

3. 企业

创新创业型人才的培养能够为企业提供优质的人力资源，企业应加大对大学生创新创业教育的支持。第一，企业本身就是一个创业主体，大学生参观企业，更加深刻地了解企业，能够获得直观的创业体验。第二，企业有着丰富的经营管理经验和资金，能够为大学生培养提供指导和支持。第三，企业通过与高校共同搭建创新创业实践基地的方式，为大学生提供实践平台。第四，企业可以与高校一起搭建创业项目孵化和转化的平台，为大学生创业提供支持。第五，优秀企业家可以走进高校，与高校老师一起培养大学生的创新创业综合素质。

4. 社会

人生存于社会，人的发展离不开社会支持。创业教育同样需要社会的支持。第一，社会为创业教育提供人力资源。社会中的校友、家长、企业家等，既可以为创业教育提供自己的创业经验，提供各种形式的资金支持，也可以指导大学生创业，属于创业教育中最有益的人力资源，社会的各种慈善基金会和公益团体，也可以为创业教育提供支持。社会的各类投资商是高校创业教育的重要资金来源，要挖掘社会资源来支持高校的创业教育，使社会成为创业教育的坚强后盾。第二，提高公众的创业意识，使公众成为支持创业教育的主要力量。通过教育与培训，使公众认识到大学生创业的重要性，形成正确的创业思想，在社会中形成理解创业、支持创业的氛围，这样创业教育才能够得到全社会的支持。第三，营造创业氛围。要充分运用社会传播系统，公共文化服务体系加强对创业教育的宣传。要从宣传内容上挖掘与创业相关的先进事迹，宣传我国传统的创业史和当前的大学生创业事迹，引导大学生转变择业观念、全社会理解创业。要拓宽创业途径，要通过各种报刊、通讯社、电台电视台和重要出版社等文字、视频途径宣传创业，要充分利用互联网等平台传播创业事迹。通过社区文化建设，将创业文化纳入社区建设中，使创业事迹渗透到各社区中。要在全社会的各项活动中宣传创业，通过文化馆、图书馆、美术馆、工人文化宫、少年文化宫等公共服务设施来宣传典型的创业史，这样才能全方位、立体式地宣传创业，形成全社会宽容创业失败，支持创新创业的良好氛围。

5. 家庭

大学生个性特征及背景与家庭情况有着密不可分的关系，家庭环境的不同，影响其子女在价值观、世界观、人生观以及性格和爱好都存在较大的差异，学生的就业观、创业观及创业素质和创造性的人格培养受到家庭背景直接或间接的影响。家庭成员或者大学生社会交际圈内的人员的创业经历可能对其的创业态度和动机产生直接影响。除此之外，亲戚朋友也起到积极的引导作用，他们正在创业的或有创业成功经历的都会在一定程度上推动大学生创业，影响大学生的独立判断力和职业生涯的发展规划。此外，家庭对大学生创业实践的态度也是决定大学生能否走上创业之路的关键因素。

6. 风险防范体系

大学生在创业过程中，从创业准备、实体登记、实体运营到创业退出阶段，法律风险贯穿大学生创业活动的始终。从项目选择、创业融资、选择和设定创业组织形式、创业实体管理、商贸交易等，都难免遇到资金、技术、竞争、市场等风险。大学生创业法律风险具有法律性、人为性和可控性、全程性、风险内容法定性等特点。作为刚踏出校门的大学生，由于社会阅历和经验缺乏，在创业过程中将遇到更大的法律风险。要有效防范法律风险，可以从以下几个方面努力：第一，增强创业者的法律风险防范意识。大学生创业应树立正确的风险观，增强创业法律风险意识，强化法律权利和义务，通过学习创业相关法律知识，提升法律素养，能够适时运用法律的武器保障自身的合法权益。第二，政府积极提供法律援助。加强对有关法律法规政策的宣传，重点讲解创业过程中常见的法律风险问题，组建专业的创新创业法律援助团队，帮忙解决创新创业过程中遇到的法律问题和法律纠纷。第三，高校重视法律风险防范教育。组建专业团队，开设相应课程，邀请专业人员授课或者召开讲座，与学生面对面进行交流和了解。第四，社会上的各类法律类服务机构，如律师协会、律师事务所、专利代理机构等，应积极为大学生创新创业提供法律支持。

（四）搭建大学生创新创业教育实践平台

创新创业教育的特点决定了其必须重视实践教学。在创新创业教育中，如何让大学生的创新创业素质得到巩固和发展，创新创业实践是关键。创新创业教育实践平台是创新创业教育的重要支撑。搭建创新创业实践平台，第一，要符合大学生的成才规律，循序渐进，体现层次性。第二，创新创业实践方面的教育应贯穿创新创业教育全过程，体现完整性。第三，高校要整合校内实践资源，争取政府的支持，联合企业建设产学研一体化合作平台，体现协同性。创新创业实践方面的教育是多种多样的，可以从以下几方面搭建创新创业教育实践平台。

(1) 组建国内外大学生创新创业案例信息库

收集大学生创新创业事例，构建国内外大学生创新创业案例信息库。大学生通过信息库学习大学生创新创业事迹，能更清楚地知道在接受创新创业教育时应培养哪些方面的能力。这些创新创业事迹能够启发大学生成为一个有闯劲、有开拓精神和有意志力的人，能够帮助大学生在今后的创新创业过程中规避一些风险，少走一些弯路。

(2) 建设大学生创新创业模拟实训实验室

建设创新创业模拟实训实验室模拟企业创立的全过程，包括四大模块：第一，创业基础模块，培养创业思维和创业知识体系；第二，创业准备模块，分析和测评创业项目；第三，创业实施模块，实施创业计划，成立公司；第四，创业实战模块，经营管理企业，在模拟的市场竞争环境中生存和发展。创新创业模拟实训实验室为大学生创业提供了一个成立企业、体验企业经营管理、产品策划营销等一体化的创业仿真训练平台，提高大学生对创业各个环节的把握能力。

(3) 组织开展大学生创新创业竞赛活动

创新创业竞赛活动是落实创新创业想法，运用所学到的创新创业知识的重要方式。竞赛活动设有培训和专家点评两个环节，创新创业小组在这个平台上展示本小组的创业计划，创业计划经过专业的点评和指导，会越来越完善，这个过程能够锻炼大学生创业思维，扩大大学生视野。如果有些竞赛项目脱颖而出，被企业看中，创业竞赛项目就有机会实现孵化，从而大学生的创业梦想得以实现。目前创新创业竞赛活动得到高校和政府的重视，值得注意的是，高校要根据学科特定和高校特点，组织开展大学生创新创业竞赛活动。

(4) 设立大学生创业园

高校成立或校企联合成立大学生创业园，是创新创业实践教育的重要形式。大学生创业园为大学生提供的不应仅仅是场地支持，还要有资金支持、培训和指导，为大学生创业提供各种有利的条件。为保证大学生创业园的有效运转，高校要建立创业园管理制度，规范园区管理，同时要建设创业园文化，弘扬创新精神。

(5) 校企合作成立创新创业实践基地

高校和企业合作，整合双方的资源，共建创新创业实践基地。学生可以利用空闲时间去创新创业实践基地实习，积累社会经验，学习企业的经营管理，锻炼为人处事的能力，这对今后的创业来讲都是很好的沉淀。创新创业实践基地应建立考核制度，考核结果是大学生在基地实践的重要反馈，有利于大学生改进自我。

(五) 建立大学生创新创业教育评价体系

科学合理的大学生创新创业教育评价体系对高校创新创业教育的开展起着监督和反馈作用。大学生创新创业教育评价体系是创新创业教育质量的重要保障，能够对创新创业教育的教与学双向环节的实际效果进行有效的考核、评定、检测，规范和引导师资队伍的教学行为，激励和引导学生学习和实践，是推进创新创业教育发展的重要措施，引导创新创业教育朝高水平发展。

1. 评价体系的原则

我国高等教育的评估方针是以评促建、以评促改、以评促管、评建结合、重在建设。通过评估带动学校学科的发展，推动学校的改革和创新，不断提高人才培养质量。因此，大学生创新创业教育评估应当以高等教育的评估为指导，结合创新创业教育的特点开展创新创业教育，评价原则如下：

(1) 全面性原则

创新创业教育评估的全面性原则是以创新创业人才培养为目标，在遵循教育内部规律前提下，坚持用全面的观点对教育现象进行多指标的综合分析和判断，力戒片面。在评价时，既要考虑教育内部的评价，也要遵循教育外部规律，密切关注社会反馈。通过高校、企业、社会、学生等的评价，逐步构建科学的、动态的、开放的大学创新创业教育评价体系。

(2) 导向性原则

评估不是目的，通过评价、反馈和调节，思考高等学校开展创新创业教育的质量和存在的不足。更重要的是引导探索如何在全新的创新创业人才培养中对人才培养目标、培养效果等进行评价，是促进高校结合自身特点、深化教育教学改革、全面探索和构建各具有特色的创新创业人才培养模式的过程，有助于创新创业教育的进一步改革，提升创新创业教育的水平上一个台阶。

(3) 一般性与特殊性相结合的原则

一般性是指在教育评价时，必须采用普遍适应的标准。特殊性是指高等学校中研究型和应用型大学、高校软硬件以及教育工作者水平的不同，在学校与学校、教师与教师、学生与学生之间存在差异，实施创新创业教育评估时应分别区分，提出不同要求，不能只搞一个模式，要灵活对待。

2. 评价体系的内容

对创新创业教学效果评价的内容贯穿创新创业教育全过程，其评价内容比较复杂，概括起来应当从教育理念与目标、课程设置、学生学业评价、教师能力等方面进行评价。

（1）创新创业教育理念和目标的评价

创新创业教育的理念和培养目标关系开展创新创业教育的全过程。体现了高等学校深化教学改革，不断探索与实践创新创业教育，培养创新创业型人才的办学指导思想。评价高校的创新创业理念和培养目标主要考察是否体现在一个学校的办学思想上。

（2）课程设置的评价

创新创业教育必须在课程设计上做到："结构合理化、内容主体化、形式多样化"。课程设置要体现创新创业教育的特殊性，要促进学生创新创业能力的提升，改革课程结构，要改变只注重知识传承和知识教育的单一功能，强化知识结构的完整性，使学生在校学习期间能够提高学生生活、工作的"话"知识，密切教育与社会实践的联系，提高学生终身学习的能力。课程设置在内容上要求多样化，能够充分发挥学生的主动性、积极性和创造性，从而培养学生的观察力、较强的动手能力及勇于探索的精神。

（3）创新创业教育学生学业评价

学业评价是教育评价的重要组成部分，创新创业教育中的学生学业评价，主要指对学生创新创业能力的评价，是对大学生创新创业活动中的创业行为的价值判断活动。大学生创新创业能力评价是由学生、学校和投资者及政府对大学生创业的各个环节进行评判的，尤其是创业者自身的素质、创业群体的整体水平和创业者所拥有的知识产品或服务的科技含量、市场前景、技术的可靠性等，这些都是重要的评判指标。对大学生创业后开展的创业能力的评价，有利于对高等学校开展创新创业教育进行评估。

（4）教师创新创业教育能力的评价

教师评价就是根据教师的知识、技能、教学成果来对他们的优缺点以及个人价值进行描述和评判的过程。创新创业教育中的教师的评价应当从教师的创新创业能力、科研能力以及教学效果等方面来评价。

① 教师创新创业能力的评价。教师的任务，不仅是教书，更重要的是育人。教师的创新创业能力是创新创业教育的基础，学校一方面要通过一系列手段提高教师的创业能力，另一方面要注重对教师自身创新创业教育的水平进行评价，通过对教师创新创业教育能力的评价，引导教师尝试创新创业实践，提高自己的实践能力，调动教师不断地提高自己的创新创业能力，

从而提高教学水平。

② 科研能力的评价。创新创业教育在我国还处于起步阶段，创新创业教育的方式、方法、教学内容等还有待进一步研究，教师必须投入创新创业教育的研究中。承担科研课题、参加学术活动、撰写学术论文是提高教师教学水平的有效方法，教师通过科研来优化自己的知识结构。

③ 教学效果的评价。教学效果的评价一般包括基本理论与基本技能，基本理论可以从学生掌握专业知识角度评价学生在各级各类竞赛中的表现。基本技能的评价应更加关注毕业后的创业水平，以社会评价为主，更能体现教学效果。

3. 评价的主体方式

创新创业教育的评价关系高校、社会、政府等，既要看高校的创新创业教育理念，也要看大学生的创新创业效果，特别是对大学生的创新创业能力的评估。因此，创新创业教育的评估是多元的，评价的角度也是多维的。创新创业教育评价的主体是多方面的，主要有高校评价、政府评价和社会评价。创新创业教育评价应该是政府、高校、企业和学生本人等不同评价主体共同参与，交互作用的。不同的评价主体有不同的创新创业教育价值取向，会产生不同的价值判断，综合不同主体的不同创新创业教育价值判断的合理成分，这样，得到的创新创业教育评价结果更具有全面性和客观性，从而更加有利于改进创新创业教育的质量。在创新创业教育评价主体中，高校和学生是最重要的主体，同时要吸引政府和企业参与创新创业教育评价，增加创新创业教育的反馈渠道，也有利于调动政府和企业积极参与创新创业教育。

(1) 高校自评

自我评价是创新创业理念最为关键的考核内容之一，对创新创业教育的全过程具有指导作用，对创新创业教育的效果起着决定性作用，主要是通过学分、课程设置、专项基金培育支持等来体现。创新创业教育理念评价的主要因素和观测点包括：考察学校是否将创新、创造与创业等有机结合起来，系统地开展普及性的创业教育，以及全方位地进行渗透性的创新创业教育；重点从开展创业计划大赛等创新创业的情况进行评价，同时通过创业实践课程的设置，创业实践的针对性与可行性、校园创业文化、创业者的创业素质等方面来评估创业实践。高校的自评可以根据评价指标，结合本校的实际开展情况，由本校组成的专家组或外请专家定期或不定期地进行评价，对存在的不足进行矫正，以保证创新创业教育的教学质量。

（2）政府评价

政府对高校开展创新创业教育的评价，可以从以下三个部分进行评价：一是大学毕业生的创业率与就业率之比。当前政府每年都对高校大学毕业生进行考察，对创新创业教育的评价可以采用大学生创业率来评价。大学生毕业几年后，大学生经过几年的职业设计，一般具有较为稳定的职业。这时大学生的创新创业能力就可以从创业人数来考察，这是评价高校创业教育最为稳妥的指标之一。二是毕业生的创新创业效果。大学毕业生经过几年的创业后，以创业项目的领先性、成长性、经济效益与行业分布等来评价毕业生的创业能力。三是把创业者为社会提供的社会效益作为评价创业成功的重要指标，创业者为社会提供的就业机会、职工的社会福利、职工的教育培训等是创业者最大的社会效益。政府的评价方式主要是由教育行政主管部门负责，将评价内容细化，进行量化打分，依据分数高低来判断高校创新创业教育的效果。

（3）社会评价

社会对高校开展创新创业教育的评价是最科学的评价指标之一，西方很多发达国家对高校的评价都使用毕业生参加工作后的现状来评价高校的教育水平。评价的主要指标：一是毕业生的综合素质。毕业生综合素质可以从毕业生收集信息、分析问题、解决社会问题、在团队中的作用以及单位年终考核等多方面来考察。二是职业结构与收入。从毕业生的职业结构可以看出高校创新创业教育的水平，职业结构可以划分为 5 类：一类是科学家、教授、工程师、大学教师等；二类是企业家、医生、律师、大企业的领导干部等；三类是企业中的管理人员；四类是企业中的技术人员、事业单位的职工等；五类是简单型、熟练型、体力型的劳动者等。可以根据以上 5 类的毕业生的比例，客观地分析各类大学教育质量。三是毕业生的社会影响。毕业生的社会影响的评价应从其所主导的企业在其行业内部的认同感、领袖人物的公众形象等方面来进行。社会评价主要是由用人单位来评判创新创业教育的能力，并由此来判断高校开展创新创业教育的效果，也可以由社会非政府组织来评价高校开展创业教育的效果。

4. 评价的方法

目前,创新创业教育评价方法多种多样、种类繁多,但是这些评价方法并不是杂乱无章的,而是根据实际需要产生的。通常每一种创新创业教育评价方法都有其特定的内在价值,需要在特定的范围内使用,偏重解决某一类型的问题,从而产生相应的效果。没有哪一种创新创业教育评价方法能够解决所有的创新创业教育评价问题,因此,大学生创新创业评价方法要多样化,面对不同的实际情况,针对不同问题采取不同的创新创业教育评价方法。教师的评价方法也有很多,通常采用的评价方法有自我评价、学生评价、同行评价等。

第五章　大学生创新创业与就业教育

第一节　“双创”视阈下大学生就业教育的理念与目标

理念是行动的思想指引，目标是前进的方向，目标的实现都是在一定的理念指导下实现的，只有理念明确、科学、合理，才能沿着正确的方向前行。无论是理念还是目标的制定，并非随心所欲的，理念和目标的制定必须遵循一定的依据，才能保证理念和目标正确。“双创”作为社会的一场改革，对高校人才培养目标提出新要求，必然要求人们进行教育理念革新，制定与之相适应的教育目标。

一、“双创”视阈下大学生就业教育理念

理念，是思维活动的结果，通常指思想、观念。理念是行动的思想导引，理念的高度和完备性，对做好双创教育的顶层设计尤为重要。推动大众创业、万众创新，不仅是经济发展方式的一次改革，也是思想领域的一次理念革命。大学生就业教育要跟上“双创”发展的时代要求，必须树立服务更高质量就业的理念、树立引导学生规划职业人生的理念、树立培养创新创业人才的理念。

（一）树立服务更高质量就业的理念

更高质量就业从宏观层面来讲主要是指充分的就业机会、公平的就业环境、良好的就业能力、合理的就业结构、和谐的劳动关系等。树立更高质量就业的理念，是对传统的以提高就业率为目的的“重量轻质”的大学生就业教育理念的革新。

1. 树立服务更高质量就业理念的原因

树立服务更高质量就业的理念，从个人生存和发展的角度来看，是个人追求和实现更好的生活和实现人生价值的需要。“双创”时代，创新创业成为新常态，以创业带动就业也就成为国家和高校解决大学生就业问题的主要价值导向。创业是就业的最高形式。从广义上讲，创业也是就业的一种特殊类型，而且还是最高质量的就业。实现创业就业，相对于传统的就业，意味着个人的综合素质更高、思想更加开放、能力更加突出等。同时，实现创业所要求的创业精神、创业能力、合作共享理念、创新思维等都是增强个人就业竞争力的核心素质。也就是说，即便不参加创新创业，但这些能力和素质也有利于增强个人就业竞争力，促使找到一份工作，有利于个人长远的职业发展。从大学生就业教育价值彰显来看，面对大众创业、万众创新的时代背景，面对高校深入推进创新创业教育，大学生就业教育不可避免会面临被“弱化”“虚化”“泛化”等危险。这种“危险”客观上倒逼大学生就业教育进行理念创新。也就是说，大学生就业教育必须定好位，体现其是有价值的，具有不可替代性。树立更高质量就业服务的理念，这既与国家的更高质量就业战略相响应，也与“双创”的时代要求相契合，更与大学生就业教育的功能相匹配。

2. 树立服务更高质量就业理念的要求

树立服务更高质量就业的理念，就要求大学生就业教育：

一是要紧密契合“双创”的时代背景，实现创新创业。“双创”时代，鼓励创新创业，小企业铺天盖地，新兴职业以前所未有的方式出现，由此必然引起大学生就业方式、就业结构、就业环境等的深刻变化。客观上要求大学生就业教育要及时调整教育理念，在就业教育目标上教育大学生树立就业创新的理念，积极迎合时代新变化新要求，转变大学生的保守就业思想，并推动实现创新创业。

二是转型人才培养目标。大学生就业教育担负着人才培养“最后一公里”的责任，是重在为大学生职业选择把握方向的教育。因此，结合“双创”时代要求，大学就业教育也要深入思考如何为培养“创新创业人才”助力，在培养创新创业人才中大学生就业教育具有哪些价值等问题。只有从人才培养的高度定位，才能保证培养出的人才既能符合社会要求，又能促进个人职业发展，还能实现更高质量就业。

三是教育内容上注重对思维能力的培养。理念创新的关键是思维创新，思维创新天地宽，“双创”的核心理念是创新，“双创”时代的大学生就业教育要将重心从帮助大学生找到一份工作，转型到维持一份工作和推动职业价值实现上。要实现这一重心的转变，关键是思维方式的创新。比如，在择业过程中，要教育大学生具有战略思维，从国家和个人长远发展的视角，选择具有前瞻性的行业择业就业。还要具有全球思维，“双创”时代的经济，典型方式是分享经济，互联网已经将世界融为一体，就业的地域性局限将彻底改变，美国学者托马斯·弗里德曼将当前全球化比喻为“全球化 3.0”。他认为“全球化 3.0 使得这个世界进一步缩小到了微型，同时平坦化了我们的竞争场地。”所以，只有培养自身的全球化思维能力，才能了解世界最新的发展变化，才能以开阔的思路、宽阔的眼光、宽阔的胸怀谋划全局，作出科学决策。

（二）树立引导学生规划人生的理念

规划人生是指从人生发展的角度思考制订生涯规划。实际上，人一生三分之二的时间都是在从事着特定的职业，而“职业圈”又决定了“生活圈”。可以说，规划职业就是规划人生。

1. 树立引导学生规划人生的原因

大学生就业教育不仅要帮助大学生围绕“就业”做好职业生涯规划，实现短期的教育目标；更要从人生发展的高度去定位就业教育，立足现在着眼长远。“双创”实质上也在倒逼大学生就业教育做出这种理念转向。

一方面，从“双创”的价值意蕴来看。“双创”是未来社会发展的一种趋势，人人平等、创业致富、创新发展是“双创”所蕴含的价值导向。在这种价值导向下，创新创业成为常态，社会中的新职业、新业态将以难以预料的速度涌现，社会充满机遇，但同时也充满风险和挑战。无疑这种机遇和风险都增加了人们进行职业选择的难度，哪种职业更具潜质和发展性、哪种职业可能会昙花一现、哪种职业更契合个性发展等问题都在考验着人们的智慧。由此，大学生就业教育必须实现理念上的变革，从帮助学生找到一份工作，向帮助学生维持一份工作的理念转向。也就是说，要从促进大学生长远职业发展为目的帮助大学生就业择业。在这个过程中，大学生就业教育的存在价值也就能得以更好彰显。

另一方面，从创新创业的实现要求来看，推动大众、万众，尤其是数以万计的青年大学生进行创新创业是“双创”最为根本的要求，这是由青年大学生的特点决定的。青年大学生有知识、思想开放、思维活跃、素质高、能力强是“双创”的主体力量。但是，这些素质和能力并不直接等同于创新创业素质和能力。换言之，创新创业是一项对人的能力和素质要求极高的实践活动，如果没有长期的实践磨砺和多方合力的协同，创新创业是不可能成功的。正如新东方教育集团创始人俞敏洪所指出的，鼓励大学生大学期间去创业或者毕业后马上去创业，会带来许多不利因素，如知识储备会削弱、创业失败后心态会失衡等。由此，面对“双创”的热潮，大学生就业教育必须从职业人生发展的高度，做好大学生的就业创业思想教育，避免人生发展的大起大落，甚至产生一蹶不振等心理问题。

2. 树立引导学生规划人生的理念的要求

树立引导学生规划人生的理念就需要：一方面，冷静客观地分析“双创”，做到就业创业不冲动、不盲目。对于伴随“双创”出现的就业创业形势新变化、新特点，要客观冷静地分析“双创”的本质要求是什么。显然，“双创”的本质要求绝不仅局限于鼓动大众万众去创业，更在于培养人们形成创业精神和创新意识，这种精神和意识与个人价值实现密切相关。由此，大学生就业教育要以就业为切入点，在就业教育的过程中注重加强对大学生创业精神和创业意识的塑造，为将来创新创业设定“创业遗传密码”。

另一方面，要由职业生涯规划向人生规划转向。在职业生涯规划教育过程中做到既要帮助学生规划职业，做好职业选择，更要将这种职业规划与人生发展相结合，大学生正处于人生发展的“黄金节点”和世界观、人生观、价值观塑造的关键阶段。“抓好这一时期的价值观养成十分重要。这就好像穿衣服扣扣子一样，如果第一粒扣子扣错了，剩余的扣子都会错。人生的扣子从一开始就要扣好。”因此，在规划职业的同时规划人生。通过做好人生规划教育，避免出现因盲目选择而带来的机会成本损失。

（三）树立培养创新创业人才的理念

培养创新创业人才是“双创”对青年大学生的实质要求。创新创业人才是指具有创新精神、创业意识和创新创业能力的人才。其出发点是创新，落脚点是创业。中介点则是专业教育、就业教育、创新创业教育等的全面协同。从单纯提高就业率为主要目的的工具性的就业教育理念转向为创新创业培养人才的人本理念，是大学生就业教育的一次理念革新。

1. 树立培养创新创业人才理念的原因

培养创新创业人才，一方面，这是高校深化创新创业教育改革的需要。为推动大众创业、万众创新，国务院专门颁发文件，要求高校推进创新创业教育改革。从政策要求来看，创新创业教育是素质教育的升级版和加强版，创新创业教育将成为今后乃至未来高等教育综合改革的方向。创新创业教育的根本目标或者理念是培养创新创业人才。换而言之，高等教育综合改革的人才培养目标是培养创新创业人才。大学生就业教育作为高等教育系统中的组成部分，其教育理念自然也离不开人才培养。

另一方面，树立为创新创业培养人才的理念也是大学生就业教育质量提升的需要。大学生就业教育质量提高的最显著表现就是大学生能够实现更高质量就业，如果说创业是就业的最高形式，是高质量就业的表现，显然，创新创业又是创业的最高形式，是更高质量的就业。要实现创新创业的目标，必须培养创新创业人才；创新创业人才无论是综合素质，还是能力结构，都具有更明显的就业竞争力。

2. 树立培养创新创业人才理念的要求

一方面，要处理好就业教育与创新创业教育的关系。就业教育与创新创业教育各自独立成系统，都具有自身的独特的教育目标和任务，不能相互替代。就业教育主要以教育大学生找到一份工作而实施的教育，或者说是适应性教育；而创新创业教育重在培养创新创业人才，推动创新创业的教育，相对于就业教育具有明显的超越性。同时，二者又具有相辅相成的关系，就业教育可以助力创新创业教育，既在培养创新创业人才某些素质方面发挥重要作用，而创新创业教育同样在就业教育的价值彰显方面具有引领作用。

另一方面，要推动大学生就业教育内容体系的拓展。教育内容是培养人才的“养料”，一般来说，大学生就业教育的内容包括就业思想政治教育、就业心理健康教育、职业生涯规划教育、就业政策宣传教育、社会适应能力教育等系列内容。但这些内容并非一成不变的，而应随着就业教育目标和任务的改变而改变。因此，为培养创新创业人才，大学生就业教育的系列内容也应进行新的拓展。

二、“双创”视阈下大学生就业教育目标

依据党和国家的就业政策、经济发展新常态以及大学生就业观念和就业行为现状，大学生就业教育在实践上要建立由就业转向创业、创业带动就业的目标，在态度上要树立理性就业创业观念，在价值上要建立实现职业稳定发展的目标。

（一）实践目标：就业转向创业、创业带动就业

“双创”视阈下大学生就业教育实践目标可以归结为就业转向创业、创业带动就业。就业转向创业、创业带动就业是指以就业为主向创业为主转变，将创业作为大学生就业的主要选择，最终实现以创业带动就业的目的。二者作为一个整体不可分割。显然，这里的就业主要是指“雇佣性就业”，具有被动性。创业是指“自主创业”，具有主动性。

1. 提出“就业转向创业、创业带动就业”目标的原因

“双创”的内在要求、解决大学生就业难的应然之举、就业转向创业符合世界潮流是提出“就业转向创业、创业带动就业”的主要原因。

（1）“双创”的内在要求

大众创业、万众创新必须唤起更多的大学生参与创新创业。“双创”的提出是基于我国经济发展新常态，基于我国改革开放进入攻坚期和深水区，基于实现“两个一百年”的奋斗目标。由此，在经济增速放缓和持续发展压力增大的背景下，我们必须通过内部挖潜，激发蕴藏在人民群众内部的巨大创新创业创造能量。俗话说，“众人拾柴火焰高”，作为有知识、有思想、有冲

劲的青年大学生在推动“双创”发展道路上责无旁贷。如果说“就业”是适应社会，那么，“创业”是要改造社会。马克思指出：“哲学家们只是用不同的方式解释世界，而问题在于改造世界。”因此，结合时代发展需要，勇于承担起推动社会发展的责任和使命，就必须转变传统的保守就业观念，发扬“冒”的精神和“闯”的精神，在创新创业中承担起时代赋予的责任。正如邓小平同志指出的：“没有一点闯的精神，没有一点冒险的精神，没有一股气呀、劲呀，就走不出一条新路，就干不出新事业。”因此，在大众创业，万众创新将成为新的常态的背景下，要转变大学生“宁肯等待艰难就业，不愿冒险积极创业”的心态。大学生有知识、有能力、有精力是创新创业的主力军，在大学生就业教育过程中，要转变当前许多大学生不敢冒险、不愿创新、不敢创业的“等、靠、要”的心态。历史和现实都证明，只有根据时代发展要求，及时转变观念，才能更好地实现个人价值和社会价值。

(2) 解决大学生就业难的应然之举

自高校扩招以来，我国大学生就业难的问题日趋严峻。近十年来，我国高校毕业生也呈现逐年递增的趋势，就业形势日趋严峻。人力资源和社会保障部统计数字显示，2005 年全国普通高校毕业生人数达 338 万，毕业半年后的就业率为 87.7%；然而到 2015 年高校毕业生人数已高达 749 万人，2017 年高校毕业生人数达到 795 万，创历史最高，堪称“史上更难就业季”，十年间，总数翻了一倍还要多。显然，在经济增速放缓的情况下，高校毕业生就业形势在未来几年将更加严峻。因此，在国家出台系列促进创业政策的基础上，推动大学生转变就业观念，积极创业就业就成为解决大学生就业难的根本举措。创业不但能解决个人就业问题，而且创业对就业还具有倍增效应。“创业带动就业的倍增效应是非常明显的。我们做过一个测算，一个个体经营者如果创业的话，他可以拉动三到五人就业。”在“双创”的推动下，截至 2016 年年底，整个“十二五”期间，我国新注册创业企业达到 1 000 万家。而且，随着“互联网＋”的深入发展，会涌现出许多新兴产业、现代服务业、小微企业等，既改变了传统的就业方式，也为大学生创业提供了更为便捷的条件。因此，创业对就业的带动作用是非常明显的，推动大学生转变就业观念积极参与创新创业，拥抱“双创”也就成为大学生就业教育破解大学生就业难题面临的重要任务。

(3) 就业转向创业符合世界潮流

根据麦可思公布的《2015 年中国大学生就业报告》显示，2010—2014 年，大学毕业生半年后自主创业的比例分别为 2.2%、2.2%、2.9%、3.3%、3.8%。这与西方发达国家大学生 20%左右的创业率相比有较大差距。这显然与国家提倡的大众创业、万众创新的战略举措不相适应。从创业类型来看，大学生创业主要集中在销售职业类，属于复制性的生存型创业。而在美国，只有 10%的创业活动是生存型，90%属于机会型（机会型又称为创新型，具有创造新产品和新市场的功能），建设创新型国家离不开大批创新创业型人才。可见，从目前我国高校大学生创新意识和创业情况来看，显然不能满足经济新常态对创新创业型人才的需求。因此，要改变这种情形，首先要转变大学生的就业观念，鼓励大学生实现从就业到创业的思想转变，积极参与到创新创业的潮流中去，在创新创业中实现人生价值和社会价值。

2. 实现“就业转向创业、创业带动就业”目标的要求

实现“就业转向创业、创业带动就业”的目标，对大学生就业而言：

(1) 需要转变就业观念

为推动“双创”，国家出台一揽子关于促进大学生创业的优惠政策，创业环境大为改观。另外，随着国家经济发展速度放缓，创造的就业岗位也会明显减少，就业竞争将会更加残酷。因此，创业环境的优化和就业形势的严峻性，对于每一位有志大学生而言，实现由就业向创业的观念转变就成为当前刻不容缓的问题。

(2) 需要重新定义“好职业”

职业选择是每一位大学毕业生都要直接面对的问题，寻找“好职业”也是大学生们孜孜以求的梦想。那么，究竟什么是“好职业”，从当前大学生在求职过程中的职业选择来看，“稳定”（包括收入稳定、待遇稳定，或旱涝保收等）、“福利待遇好”“社会地位高”“职业生涯长”、提升、培训机会多等，成为大学生们定义“好职业”的标准。然而，“双创”视阈下，这些所谓的“好职业”将面临巨大的冲击，伦敦商学院教授琳达·格拉顿在《未来的工作在哪里?》中表示：“20 年后，重复而日常的职业将消失，创意性和分析性的职业将繁荣起来。”将会消失的代表性岗位包括生产岗位、劳务岗位、单纯办公岗位。以医生为例，格拉顿教授说：“超级电脑和机器人可以开出简单的医疗处方，医

生在即将消失的职业中也不能例外。”

（3）需要正确处理“个人职业理想”与“社会责任”的关系

个人职业理想要与社会发展相统一，是一个常谈常新的话题。总体而言，当代大学生奋发有为、有理想、敢担当，但是也有部分大学生职业理想存在误区，表现在理想信念淡薄、社会责任感不强，职业选择时，只关注现实、眼前，急功近利，活在当下。在处理个人职业理想与社会理想时，放弃社会责任唯个人利益和需要来确定职业理想。显然，这既不符合社会主义核心价值观的要求，也不利于大学生个人的健康成长。“双创”视阈下，创新创业将成为时代的潮流，广大基层、中西部地区将迎来难得的发展机遇，经济发展离不开各级各类人才，经济发展的原动力在于创新，对于青年大学生而言，这些欠发达地区为他们展现才华提供了广阔的舞台，创新创业也将成为推动经济发展的强大动力和实现人生价值的最好际遇，青年有担当，民族有希望。因此，结合“双创”的内在需要，青年大学生在职业选择时，要自觉地将个人的职业理想与社会责任有机结合。

（4）需要在多元职业理想中寻找“坐标点”

“双创”在带来大量新兴就业岗位的同时，这些新增岗位能否保持稳速增长，也存在不确定性。在未来“颠覆性的创新随时可能发生。人的想象力和创造力将引发什么样的演化，无人能知。面临未来互联网大变革千万变数和种种机会，我们唯一能确信的是变化。”因为工业 4.0、智能机器人、互联网、云平台、大数据日新月异，技术性失业也将贯穿就业创业全过程。创新创业也为大学生实现人生梦想带来新的曙光。大学生的就业方式和实现职业理想的途径变得更加多元。拥有多元职业理想的大学生面临的首要任务是思考将哪种职业理想放在首位，即根据自身的条件和外部环境以及自身追求的利益，确定自己最适合干什么。

对于高校教师而言，要着力于提升创新创业教育能力。“双创”视阈下，经济发展将由传统的要素驱动转型为创新驱动，转型能否成功也将成为决定当下中国能否跨越中等收入陷阱的关键。创新驱动需要创新型人才，创新型人才不仅要有广博的学识和精深的专业知识，更要有良好的道德素养、顽强的求知欲、健康的体魄和良好的心理素质，在培养创新型人才方面，就业教育工作大有可为。创新是创业的前提，唯有创新型创业才是推动经济社会发展的核心动力。由此，大学生就业教育主体不仅要充分认识到创新创业教育的重要性，还要发挥就业教育的价值，推动大学生创业就业。

（二）态度目标：树立理性就业创业观念

要实现实践目标，推动大学生由就业转向创业，但是并非人人都能创业，由此，树立理性的就业创业态度就显得特别重要。树立理性的就业创业观念，实际上也是推动大学生更好创业就业的需要。转变大学生的就业观念，树立理性的就业创业观念就成为当前大学生就业教育面临的态度目标。

1. 提出“树立理性就业创业观念”目标的原因

就业观念人人都有，人的个体的局限性或差异性，决定了就业观念的千差万别。“就业观念是影响就业的灵魂性因素”。错误的、不科学的、跟不上时代发展要求的就业观念就会成为制约顺利就业的主要因素。由此，理性就业创业观念是指与党和国家的大政方针政策相符合、与时代发展要求相适应、从自身客观实际出发，由此产生的对就业问题的看法或认识。在社会主义市场经济条件下，每个人都有追求个人生活和工作的自由，但自由不是绝对的和无条件的，个人在享受自由的同时，更应承担自身应有的社会责任和义务。

将就业创业观念作为大学生就业教育的首要目标的原因是：

（1）就业创业观念是制约大学生能否顺利就业的主要原因。

就业创业观念伴随着就业创业的出现而出现，不同的就业创业观念会导致不同的就业行为，有些就业创业观念能够促进就业，有些就业创业观念则会成为制约就业的重要影响因素。长期以来，我国大学生就业创业观念仍受封建传统就业思想的影响，“学而优则仕”“书中自有黄金屋”等封建就业思想并没有随着时代的斗转星移而发生变化。计划经济时代，大学生渴望就业“铁饭碗”，宁愿保守就业不敢冒风险创业。市场经济条件下，随着国家就业创业政策改变，大学生寻找“铁饭碗”“金饭碗”的思想仍然存在。这实质上是封建就业思想在新时期的“变种”而已。大学生就业难问题的出现，这里面既有就业总量矛盾，但更多的是因就业观念滞后带来的结构性失业问题。当前存在的大学生“就业难”和“招工难”问题，进一步表明转变大学生就业教育观念的重要性。2013 年，习近平总书记在天津调研大学生就业时讲到：“当代大学生要志存高远、脚踏实地，转变择业观念，坚持从实际出发，勇于到基层一线和艰苦地方去，把人生的路一步步走稳走实，善于在平凡岗位上创造不平凡的业绩。”因此，教育大学生主动调整不合理的就业创业观念，也就成为大学生就业教育的首要目标。

(2) 就业创业观念教育一直存在不系统、不科学的问题。

转变就业创业观念已经成为教育的共识，但在实际就业教育过程中，在如何转变大学生的就业创业观念和树立理性的就业创业观的问题上仍然缺乏有效的方法。比如，从当前出版的各类关于大学生就业教育的教材绝大部分的讲授重点都放在就业技能、就业技巧等技术性教育方面。而关于大学生就业观念的教育研究非常有限，这显然犯了本末倒置的错误。解决就业创业观念是解决就业问题的“总开关”，如果思想问题不能得以先行解决，奢谈再多的各类技术性问题都是枉然。因此，大学生就业教育坚持以转变就业创业观念和帮助大学生树立理性的就业创业观为目标，是大学生就业教育面临的首要任务。

2. 实现“树立理性就业创业观念”目标的要求

要实现理性就业创业观念就必须满足清晰的形势把握、全面的自我认识和强烈的责任意识。

(1) 清晰地把握经济社会形势

经济社会发展形势作为社会存在具有客观性，不以人的意志转移，是大学生就业教育目标制定的根本依据。马克思指出：“观念的东西不外是移入人的头脑并在人的头脑中改造过的物质的东西而已。”也可以说，就业创业观念同样是对经济社会发展形势的反映，但是由于不同的人看问题的角度、思维方式、世界观、人生观、价值观等的不同，反映在现实中，就业创业观念也会表现正确和错误之分，正确的就业创业观念是对经济社会发展本质和规律的反映，错误的就业创业观念(这里是指非理性的就业观念)则是对经济社会发展形势歪曲的反映。只有清晰地把握经济社会发展的客观形势，形成对经济社会发展形势规律性的认识才能形成理性的就业观念。要形成理性的就业观念，首先要准确把握经济发展战略。国家经济发展战略是指一定时期内国家经济发展的方向、发展速度与质量、发展重点及发展能力的重大选择、规划与策略，是管全局、涉长远的战略规划。通过对国家经济发展战略的分析，就能掌握国家未来发展的方向和脉搏，就能根据这一战略，分析未来就业形势及就业结构。比如,新常态下国家实施创新驱动战略,经济发展结构也将面临深刻调整。由此,新兴行业和现代服务业将成为吸纳就业的主要领域,一带一路、中国制造2025、大数据等战略的实施,也都必将引起就业结构的深刻变化。

所以,只有深刻分析经济发展战略,及时调整就业观念,才能占领就业制高点。另外,要做好对经济发展形势的预测。经济发展形势有好有坏,有快有慢。经济发展是就业的前提和保证,没有经济发展就没有就业,经济发展形势与就业形势呈正相关性。根据经济发展形势调整就业观念也具有客观必然性,当经济发展形势处于低潮时,及时适当降低择业要求是实现就业的前提,反之可能导致无业可就。为此,面对当前国内外经济发展形势不容乐观的背景,及时地调整就业创业预期就显得尤为必要。再则,全面分析社会形势。比如就业人口数量与质量、社会保障水平和能力、医疗、卫生、教育、宏观政策等都会对就业产生直接或间接的影响。如2016年1月在北京召开的"事业单位人事制度改革最新动态及热点问题高峰论坛"上提出的关于取消大学、医院事业编制问题,这无疑对那些怀有"铁饭碗"就业思想的人提出新的考验。因此,清晰地把握社会形势,跟上形势发展的步伐,及时调整观念,才能获得更好的就业机会。

(2) 全面的自我认知

认清自我是端正人生态度、合理规划职业人生的出发点和基本点。只有全面的自我认知,才能一切从实际出发,制定符合自身的职业规划。受遗传、环境、个体主观努力等因素的影响,人的能力、气质、性格都是有差异的。不同的能力、气质、性格也会对其职业选择带来直接影响。也就是说,正如世界上没有完全两片相同的树叶一样,人与人之间的差异也是如此。想问题做事情只有全面认识这种差异,认清自身的优势与不足,从自身具体实际出发,才能实现人职匹配。对当代大学生而言,要形成全面的自我认知:首先,借鉴职业测评分析认识自己。尽管现有的职业测评系统并不能全面反映个人的职业选择,但可以为大学生进行人生职业规划提供一定的参考。其次,通过比较认识自己。参考朋辈群体的就业情况,再联系自身实际相互比较形成自我评价,或者通过与人交流获得他人对自己的评价,认识自我。最后,通过就业实践认识自我。实践是认识的来源,是检验真理的唯一标准。在就业实践中认识自己适合从事的职业。

(3) 强烈的责任意识

强烈的责任意识是树立理性就业创业观念的必要条件。如若没有强烈的责任意识作为基础,理性就业创业观念的形成仍然难以真正落实。这里的强烈的责任意识是指,即便并不是自己喜欢的工作,但是为了国家和社会的利益仍然毫无怨言地去承担并认真做好。只有具有强烈的责任意识,个人才能做到舍小我顾大我,舍小家顾大家,吃苦耐劳任怨。如果没有责任意识,以一种事不关己高高挂起的心态对待他人、对待集体、对待社会,就根本谈不上响应国家号召,弘扬就业主旋律。要形成强烈的责任意识,就需要在就业教育中增加社会责任感教育,弘扬中华民族的传统美德,将职业选择与社会主义核心价值观统一起来;将国家、集体和个人的利益有机统一起来;把个人的职业理想与国家的强盛、人民的幸福统一起来。这样,在进行职业选择时,就能分清孰轻孰重,克服功利思想,做出理性的价值选择。面对大众创业、万众创新的新形势,既要积极响应国家号召勇于承担责任,也要认真检视自己是否具有创新创业的能力,避免盲目性选择,影响职业发展和价值实现。

(三) 价值目标:实现职业稳定持续发展

职业发展是人生价值实现的前提条件之一,职业发展就是在自己选定的领域和自己能力所及的范围内做到最佳。在参照这一定义的基础上,本书所指的大学生职业发展是指通过系统的就业教育,使大学生能够根据自身特长和兴趣进行科学合理的职业选择,并且沿着所选择的职业稳定的持续的发展,实现完美的职业人生。只有从自身实际出发,进行科学的职业规划,才能保证职业的持续发展。

1. 提出“实现职业稳定持续发展”目标的原因

坚持以职业发展为大学生就业教育目标,是大学生就业教育的本质体现。其原因主要体现在以下三个方面。

(1) 增强就业稳定性的需要

就业稳定是就业质量的体现,没有就业稳定就没有职业发展。高校大学生就业稳定事关经济发展、社会稳定和人民群众的切身利益。根据“中国教育在线新锦程”的相关统计,我国 2014 届大学专科生、本科生、硕士生毕业半年内离职率分别是48.04%、23.45%、10.77%。社会科学文献出版社出版的"就业蓝皮书"《2016年中国大学生就业报告》显示,"超四成中国大学生在毕业三年内转行,2015届大学毕业生毕业半年内的离职率为34%,离职的主要原因是个人发展空间不够和薪资福利偏低。"超高的离职率不仅表明了当前大学生就业稳定性较差,也表明当前大学生职业规划不合理。因此,通过合理的职业规划教育来增强就业稳定性是实现职业发展的前提条件。

(2)"人的需要"的发展性使然

需要是人的活动的内驱力,马克思认为,人的需要呈现为动态的发展过程,并由此提出了人的需要的"三级阶梯"理论,第一级是人的生存和生理需要,第二级是谋生和占有的需要,第三级是人的自我实现和发展的需要。如果说顺利就业是满足第一级和第二级需要的话,促进职业发展则是追求需要的第三级。也就是说,"人的需要本身是一个历史的过程,但旧的需要的都满足,人类就会产生新的需要。"当代著名的行为主义社会学家马斯洛提出的"层次需要"理论也将人类的需要概括为七个层次,分别为生理需要、安全需要、归属和爱的需要、尊重需要、认知需要、审美需要、自我实现的需要。马斯洛的需要"层次理论"揭示了人的需要由低级到高级的渐次发展的规律,尽管它同马克思主义的人的需要理论有着本质区别,但也从侧面揭示了人的需要的发展性。因此,以促进职业发展为就业教育的目标,既体现了人的发展(追求)的无限性,也更能体现就业教育的价值(就业教育绝非简单地以解决就业问题为目的的权宜之计的教育活动)。

(3)人生价值实现的需要

《哲学大辞典》中,将人生价值规定为"社会对个人的尊重和满足,个人对社会的责任和贡献。"职业发展意味着个人能够获得社会的尊重,同时个人也能为社会做出更大的责任和贡献。职业发展是个人价值实现的重要方面,没有职业发展就意味着个人的能力不能得到有效开发利用。季羡林先生曾说过:"对很多人来说,人生已无意义,二无价值。他们也从来不考虑这样的哲学问题,不管走运或不走运,终日昏昏沉沉、浑浑噩噩,不知道为什么活这一生。"因此,促进职业发展是个体自我价值和个体社会价值相统一的结合点。可以说,“没有个体的人生自我价值,也就没有个体的人生社会价值,也就没有整个社会的发展。”

2. 实现职业稳定持续发展目标的要求

要实现职业稳定持续发展,需要制定科学的职业生涯规划、具有与时俱进的就业观念和稳步提升的就业能力。

(1) 科学的职业生涯规划

职业生涯规划是指能够根据自身实际和客观形势做出的职业发展设计。科学的职业生涯规划是促进职业发展的基本要求。科学的职业生涯规划是指充分考虑个性、能力、价值取向等主体因素和职业选择中的社会评价、经济利益、家庭等客体因素做出的生涯设计,而不是个人的主观臆断。科学的职业生涯规划是个人一步一个脚印前行的目标,是激励个人成长成才的动力。就个性而言,兴趣是最好的老师,如果一个人对某一工作有兴趣,就能较长时间内保持高效率而不感到疲劳。能力的差异性决定了只有选择最能够发挥自己能力的职业,才能在工作中不断有获得感;价值取向是价值观的具体化和方向化,个人是为了生计而工作,还是为了避免生活空虚而工作,还是为了梦想而工作,不同的目的都会对未来职业生涯产生实质性的影响,只有为梦想而工作来设计职业生涯,才能更好地促进职业发展。职业的社会评价对大学生的职业选择也起着潜移默化的作用,但社会评价也处于不断发展和更新的过程中。因此,需要以客观、冷静、长远的眼光来看待社会评价。职业只有保持物质利益的实现才能获得长久的动力,充分考虑物质利益因素是职业生涯规划必然要考虑的问题。当然,这种物质利益因素要坚持适度原则,如果过于考虑这一点,就会倒向拜金主义。另外,如何实现家庭与事业的相互促进也是需要直面的问题。所以,既要考虑涉及职业发展的方方面面,又要重点把握影响职业发展的主要矛盾,才能设计出科学的职业生涯规划,为个人职业发展提供行动指南和动力之源。

(2) 与时俱进的就业观念

与时俱进的就业观念是实现职业发展的思想认识条件。就业观念受社会现实和传统习俗的制约和影响,与时俱进的就业观念是指全面深刻认识就业现实,并能根据现实形成的科学且富有前瞻性的就业观念。落后的就业观念对职业发展具有阻碍作用，与时俱进的就业观念对职业发展具有促进和引领的作用。要形成与时俱进的就业观念，首先，要不断加强学习跟上时代发展脉搏，时代发展永无止境，要跟上时代发展步伐，就必须坚持不断学习，才能保持思想上的与时俱进。其次，以利用辩证的思维方式认识问题。任何事物都具有两面性，祸兮福所倚，福兮祸所伏。思想认知不能为一事一时而动摇和改变，任何事物都要坚持以辩证的思维方式认识它，不忘初心，坚持梦想，职业认知也是如此。再次，以发展的观点认识社会现实。促进职业发展，必须坚持发展的观点看待问题。既要认识到事物发展的曲折性，更要认识到事物发展的前进性。这样，保持就业观念的与时俱进，就能客观地看待职业发展中存在的问题，始终以前瞻性的眼光认识未来。

(3) 稳步提升的就业能力

就业能力提升是促进职业发展目标实现的主体条件。促进职业发展就必然需要个人职业能力的稳步提升。故步自封或小富即安都不能实现职业发展。只有稳步提升就业能力，才能不断适应客观变化了的外部环境，跟上形势，而不至于被社会所淘汰。以高校辅导员职业为例，中华人民共和国成立初期就开始设立辅导员，那时的辅导员主要做政治工作，掌握政治工作能力即可；改革开放之初，国家重新恢复辅导员制度，这时的辅导员逐步从政治工作向思想政治教育工作转变。经过10余年的发展，随着改革开放以及社会主义市场经济的影响，高校也出现了很多新情况，比如帮困工作、心理辅导、职业辅导等工作也成为辅导员工作的一部分。进入21世纪以来，尤其是随着2004年“中共中央国务院[2004]16号文件”的出台，辅导员职能又有了新的拓展，“帮助学生解决实际问题”作为一项职能写进了文件(包括帮困、心理、就业、生涯规划、人际关系等)，高校辅导员的职业能力不断得到扩展。可见，稳步提高就业能力是客观形势发展的需要，也是个人实现职业发展的必然要求。

总之，在坚持“就业转向创业、创业带动就业”的目标导向下，要着力于理性就业创业观念的塑造。通过树立理性就业创业观念，做出理性的就业或创业选择，进而实现职业稳定发展。

第二节 “双创”视阈下大学生就业教育模式及其运行机制

教育模式是指在教育教学过程中所形成的教学方式或方法总和。结合“双创”视阈下大学生就业教育的理念和目标，要推动大学生创业就业，培养创新创业人才。大学生就业教育必须转变传统的以“找到一份工作”为核心的教育模式，创新形成由就业转向创业的新模式。同时，依据新的教育模式，探索形成与之相适应的运行机制。

一、“双创”视阈下大学生就业教育模式

结合“双创”视阈下大学生就业教育理念和目标，大学生就业教育应该采用就业创业教育转化模式、就业专业教育渗透模式、创新创业价值引领模式。

（一）就业创业教育转化模式

就业创业教育转化模式，是指在就业教育过程中在坚守就业教育核心理念的基础上有机融入创业教育内容、方式方法、创新创业价值理念等，以实现就业创业教育一体化为目的，促进就业创业教育相互渗透相互促进。就业创业教育转化模式，既不是以创业教育取代就业教育，也不是以就业教育取代创业教育，而是在充分吸取对方积极因素的基础上相互促进。

1. 提出“就业创业教育转化模式”的原因

提出就业创业教育转化模式：一方面，就业教育与创业教育具有互相转化的现实可行性。首先，二者具有目的的一致性，创业是最高形式的就业，二者的最终落脚点都是为了提升大学生的就业创业能力，解决大学生的出路问题。正如学者王占仁教授指出的“就业和创业都是大学生的职业选择方式，就业教育和创业教育可以统称为‘出路教育’。”实际上，国家结合经济社会发展的现实，结合大学生就业难的客观现实，提出“双创”的目标，根本上就是为了解决就业问题。正如在中国工会第十六次全国代表大会上李克强总理做经济形势报告时指出：“我们稳增长的目的在很大程度上就是为了保就业。”就业稳则社会稳，社会稳定和谐，经济才能发展。其次，二者具有

内在的互补性。就业教育可以使创业活动更具规划性,创业教育可以增强就业对象的就业竞争力。在实际择业就业活动中,不少大学生存在着“保守”的就业观念,缺乏主动推销自我的能力,在就业过程中表现得羞羞答答,当面对就业挫折时缺乏屡败屡战的勇气。显然,这些思想和行为上存在的问题,通过吸收和弘扬创业教育中的创业精神、创业文化可以弥补。同时,在创业活动中,部分大学生不客观分析自我和发展形势而出现的盲目创业行为,也可以通过吸取就业教育中的生涯规划教育,使得创业实践活动更具规划性,进而实现二者的互补。最后,教育队伍的重合性。尽管就业教育与创业教育各自具有独立的系统,在教学形式和教学内容上都具有显著的不同,但是在现实的教育教学工作中,就业创业教育的师资通常表现为综合性。也就是说,由于目前绝大部分高校都缺少专职的就业教育人员,在开展就业教育或创业教育时,通常将就业教育队伍与创业教育队伍归为一类,有些教师既从事就业教育也从事创业教育。有些教师既有就业教育类的资格证书,也有创业教育类的资格证书。显然,现有的队伍管理结构和构成方式也为就业创业教育转化模式的实现提供了现实可行性。

另外,就业教育与创业教育具有转化的客观必要性。首先,这是“双创”的时代要求。“双创”对大学生的就业选择提出了新要求。适者生存,不适者被淘汰,这是自然界生物进化的客观规律。同样,这种竞争法则在人类社会生活中随处可见,尤其在青年大学生就业过程中表现得更为明显。随着当前经济发展速度的放缓,就业竞争将越来越激烈,创新创业将成为新的常态。因此,对青年大学生而言,只有摈弃安于现状的就业心态,积极培植奋发进取、创新创业的精神,才能更好地适应未来社会的发展,实现人生价值。其次,这是就业教育实效性提升的需要。就业教育实效性强弱的最直接的衡量标准是就业竞争力和就业质量的“双高”,而就业竞争力的提高根本上取决于就业能力和就业素质的提高;就业质量高低的直接表现是创业就业的比率的提升。显然,通过实现就业创业教育转化,就能有效提高大学生的就业创业能力和素质,进而提高就业竞争力,实现更高质量的就业,这是就业教育实效性提高的表现。最后,这是就业教育走出发展困境的需要。在高校加快推进创新创业教育背景下,由于不能正确处理创新创业教育和就业教育的关系,大学生就业教育存在被弱化的危险。由此,客观上要求加快推进大学生就业教育的改革，转变人们对大学生就业教育的功利性观念，通过实施就业创业教育转化模式，增强大学生就业教育在培养创新创业人才过程中的价值，清晰自身的定位，进而转变人们对大学生就业教育的不合理认知。

2. “就业创业教育转化模式”的特性

掌握大学生就业创业教育转化模式的特性，实际上也就是深入回答就业创业教育转化模式“是什么”的问题。就业创业教育转化模式，具有适应性与超越性的统一、“小我”与“大我”的统一、“破”与“立”的统一。

(1) 适应性与超越性的统一

适应性是大学生就业教育的特征，超越性则是创业教育的特征。如果说就业教育是适应性教育，那么，创业教育则是“超越性教育”。说就业教育是适应性教育，是指就业教育主要在于教会学生找工作，而要找到工作，前提是要适应社会、适应环境。说创业教育是超越性教育，是指创业活动具有“创造性”，是立足现实但又超越自我，敢于挑战新事物改变现存状况的教育。就业创业教育转化模式就是要教育大学生经由就业走向创业，使就业成为创业的台阶和跳板。从更深层次上理解，要实现从就业到创业的转变，一方面，适应与超越性符合教育的内在要求。相对于通常理解的就业，创业具有更强的改造社会的价值。创业是对个人的能力和素质要求更高的实践活动。教育的根本任务是通过这种传与授，使它所培养的人，能够把已有的科学文化知识作为一种工具和手段，去改造和发展现存的世界、现存的社会(包括已有的科学文化知识)以及现存的自我，为此，教育的着眼点不在于使人“接受”“适应”已有的，而在于为“改造”“超越”的目的而善于利用已有的一切。显然，这种适应与超越的教育价值在就业创业教育转化模式中得到直观体现。另一方面，这种适应与超越相统一的特征也符合社会发展对人的要求。认识世界是为了更好地改造世界。在经济发展进入新常态阶段，推动“大众创业、万众创新”，为经济社会发展提供新引擎，但点燃新引擎的根本点和落脚点是“人”的因素，人是生产力变革中的最为能动的因素。只有通过教育模式的转变，培养适应社会超越现实的创新创业人才，才能更好地推动“双创”落地生根。

(2) “小我”与“大我”的统一

传统的大学生就业教育主要在于帮助大学生找到一份工作，解决个人生存和发展问题，重点关注“小我”；创业教育则主要在于教育大学生开展创业活动，实现以创业带动就业的目的，可以说，创业活动不仅解决了其个人的生存和发展问题，更在于为社会创造了更多的就业岗位，发挥着“大我”的价值。教育大学生经由就业转向创业的就业创业教育转化模式，体现了鲜明的“小我”与“大我”相统一的特征。“小我”与“大我”的统一符合“双创”时代要求。创新创业根植于当下需要，重点在于唤醒人们创新创业的动力，创新创业的主体是“人”，而要唤醒“人”的创新创业动力，实际上就是要使人们承担起推动社会发展的主体责任。经由就业转向创业，则是个人社会责任担当的直观体现。“小我”与“大我”相统一也是个人价值实现的需要。从价值实现的角度，“双创”体现了权利公平、社会公平和机会公平，意味着为大众、万众的价值实现提供了公平竞争的环境，为人人疏通了实现美好生活的通道，有利于打破利益固化的藩篱。就业创业教育转化模式，从教育目标来看，旨在打破传统的大学生就业教育或创业教育只针对一种职业选择开展教育的局限，消除学生在就业转向创业过渡期存在的教育盲区，避免学生因暂时的选择困惑而忽视其他生涯发展机遇，从而最大程度地发挥就业创业教育的价值，满足大学生职业生涯发展与社会发展的双重需要。

(3)“破”与“立”的统一

就业创业教育转化模式不是就业教育与创业教育的相互替代，而是二者的内在融合。这种教育模式是对传统的就业教育和创业教育的“破”，就是要打破传统的非此即彼的关系，重新融合建立一种新型的教育模式，以增强相互之间的“内生力”。实际上，就业与创业在大学生职业生涯发展中发挥着相互促进的作用。一方面，就业为将来创业提供实践平台和能力准备；就业岗位也为“内创业”提供了可能。另一方面，创业为提高大学生就业竞争力和生涯发展创造条件。大学生在创业活动中所形成的改革精神、冒险精神、创新思维、创业能力、合作意识等技术、社交和管理技能等核心素质，都会对个人的职业生涯稳定发展创造条件。“双创”视阈下，随着创新创业的文化氛围和政策环境的更加开放，通过创新创业实现就业将成为一种新型的就业方式。无疑，这对大学生的就业能力和素质结构提出了新的要求。因此，只有通过教育模式的创新，实现对分散在就业教育和创业教育中的各自教育因素和共同教育因素进行有机整合，形成就业创业育人合力，才能推进就业创业的转化。

3. 就业创业教育转化模式的实施过程

就业创业教育转化模式可分为创业就业意识培养阶段、创业就业知识夯实阶段、创业就业能力实践锻炼阶段三个阶段。

（1）创业就业意识培养阶段

从心理学的角度，就业创业意识是指人们从事就业创业实践活动的内在心理倾向，是就业创业活动中起动力作用的个性因素。创业就业意识的培养是就业创业教育模式的首要任务，在这个阶段，就是要通过优化教育内容和选择教育方式来唤醒大学生内心潜隐的创业就业意识。意识是行动的动力之源，创业就业意识的培养是实现将来由就业转向创业的第一步。长期以来，我国大学生创业意识不容乐观，然而，随着“双创”的到来，大学生创业意识仍然难以令人满意。根据智联招聘针对全国 2016 届毕业生的问卷调查，“参与调查的 2016 届应届毕业生中，毕业后选择就业的比例为 75.6％，16.5％的人选择在国内继续学习，4.8％的人选择出国继续学习，选择创业的比例为 3.1％。”结果显示 2016 届大学生创业意愿相比 2015 届下降一半，就业意向却呈上升趋势。显然，这与“双创”的要求不相适应。尽管原因是多方面的，但创业就业意识的缺失却是不容忽视的因素。换而言之，部分大学生并没有真正从社会发展和人生价值实现的立场去思考创新创业的价值和使命担当。尽管调查结果也显示 2016 年应届毕业生中 71％的大学生将“成就自己的事业”作为价值认知，但是在实际行动上却没有得到完全体现。因此，要从根本上扭转这一局面，就必须重视创业就业意识的培养，在大学生就业创业教育中，重点是激活青年大学生的“创业基因”。

要实现对创业就业意识的培养，可以从创业就业兴趣的培养、创业就业动机的激发、创业就业信念的坚定三个层次逐步推进。一是创业就业兴趣的培养，伟大的科学家爱因斯坦曾经说过：“兴趣是最好的老师”，一个人一旦对某件事产生兴趣，就会主动去探索、去发现。创业就业活动的开展同样如此。要积极探索创业就业教育的有效形式，避免简单的说教，要通过启发式、体验式等教育方法，使大学生们感受创业就业的快乐。如鼓励学生参加各类创意大赛并在比赛中体验成功的快乐。在创业园中开辟专门的场所，让大学生体验“创客的一天”等实践活动。通过饶有兴趣的教育方式在大学生们的心中播撒创业就业的种子。二是创业就业动机的激发。创业就业动机是创业就业意识内容的核心要素。从心理学角度，动机分为内在动机和外在动机。因此，就业创业教育转化模式要通过言传身教和环境熏陶等方式，吸引、激励、诱发学生的内在动机和外在动机。在外在动机的激发方面，要让大学生明确经济新常态下，国家对大学生创新创业提供了难得的外部环境和优越的条件，鼓励大学生要抓住时代的脉搏和机遇。内在动机的激发方面，如通过鼓励大学生参与创意活动，并协调配合及时将学生的创意转化为创业项目，从而激发学生的内在成就感。在深入企业和社会中培养善于捕捉创业商机的能力，并及时创造条件将创业商机付诸实践，等等。这样，潜在的成就感和自豪感就会油然而生，创业就业动机就会慢慢激发。三是创业就业信念的坚定。坚定创业就业信念是就业创业教育的关键环节，创业就业信念的坚定需要在“学”“毅”“干”中逐渐坚定。“学”是指要鼓励学生全面系统地学习与就业创业有关的知识，这里的知识既要包括理论性知识，也要包括一定的实践知识；“毅”即毅力，任何事业的成功都不可能一帆风顺。因此，要发挥就业创业教育的功能，培养学生不怕困难、顽强拼搏、不达目的誓不罢休的毅力；“干”即“干事创业”，要鼓励学生在全面分析的基础上，大胆地从事创新创业活动，在干事创业中分析得失，积累经验，为日后更好地创业就业夯实基础。

（2）创业就业知识夯实阶段

创业就业知识是提升创业就业能力的基础条件，也是就业创业教育转化模式教育所要解决的核心问题。创业就业知识是指在开展就业教育或创业教育的过程中，将创业教育与就业教育中的互补性内容加以概括和提炼而形成的，这些知识内容以问题为导向，具有补齐传统的就业教育或创业教育“短板”的作用。同时，这些知识绝不是简单的嫁接，而是结合创业就业活动实践需要进行整理加工，如结合“双创”背景所进行的就业创业规划教育、创业规划教育、就业创新教育等，这些知识既体现了“双创”时代的经由就业转向创业的要求，又能有效帮助大学生选择更加适合的职业。

要实现这个阶段的教育目标，一是要进行系统化的就业和创业教育学习。系统化的就业和创业理论学习是这个阶段的基础性条件，没有系统化的基本的就业和创业理论学习，单纯的创业就业知识就缺少了知识嫁接的基础。这就要求就业教育和创业教育要各自重视和加强基本理论教学，夯实对基础知识的学习。二是要进行科学的知识筛选和加工。结合就业教育和创业教育的各自知识体系，从就业实践和创业实践的需要出发，进行相关知识的提炼和整合。在就业教育中有机融入创业精神、创业技能等知识的学习，在创业教育中有机融入职业生涯规划、就业诚信等内容的教育，以内容上的互补促进就业创业教育的转化。三是要将就业创业知识有机融入。创业就业知识要想生根发芽，就必须讲求融入的方法，尤其要注重实践锻炼，在就业或创业实践中有机融于相关知识，以增强理论指导实践的能力。同时，更能体现学习创业就业知识的价值。

（3）创新就业能力实践锻炼阶段

创新就业能力实践锻炼阶段是创业就业意识付诸实践，并将创业就业知识内化和升华的阶段。古人云，“纸上得来终觉浅，绝知此事要躬行”，意思是说，间接获取的知识终究是肤浅的，要想真正抓住事物的本质，还需要多实践，多磨砺。既要注重理论学习，又要注重实践提升。马克思指出：“生产劳动同智育和体育相结合，它不仅是提高社会生产的一种方法，而且是造就全面发展的人的唯一方法。”通过有组织、有计划和科学规范的创业就业教育实践，将所学到的创业就业知识内化，并在实践锻炼中检验自身创业就业的能力。因此，加强创业就业实践锻炼，在实践中夯实理论知识，在实践中增强对创业就业的兴趣，是就业创业转化模式的落脚点。

在这个阶段，一是要全方位开发开放就业实践基地和创业孵化基地，通过就业实践基地的体验，有意识地培养大学生经由就业实现创业的观念；通过创业孵化基地的体验，进一步夯实创新创业的信念。二是要创新就业创业实践锻炼的方法。要转变传统的就业实践锻炼仅是参观、顶岗、见习等方式；创业实践锻炼仅是参加各类创业竞赛、撰写创业计划等传统模式。要通过问题导向、需求导向、目标导向等方法，从社会发展的需求出发，在实践中发现自身存在的短板，以创新创业为目标，增强创业就业实践的实效性。

总之，就业创业教育转化模式，目的是促进大学生经由就业转向创业，在理论上是可行的，在实践中要结合现有的就业教育和创业教育模式进行创造性转化，实现有机融合，提高大学生就业教育的实效性。

（二）就业专业教育渗透模式

就业专业教育渗透模式，是指将就业教育的就业创新理念全面渗透到专业教育中，使专业教师承担就业教育的责任，在专业教学中激活大学生就业创新的基因。就业专业教育渗透模式不是简单地将就业教育的内容生硬地嵌入专业教育，而是在专业教育中有意识地将专业知识的传授与大学生的就业需求紧密结合起来，这种模式有效避免了就业教育与专业教育“两张皮”问题。

1. 提出“就业专业教育渗透模式”的原因

提出“就业专业教育渗透模式”的原因主要基于三个方面。一是专业教育的指向性更加明确。随着国家创新驱动的实施，创新创业人才将变得更加炙手可热。因此，在今天，专业教育也需要增强对外部环境的反应，培养目标、课程体系教学方式、评价方式也需要通过变革以适应知识经济时代对创新人才的培养。专业教育不能闭目塞听，“关起门”专注于科学文化知识的传授，而是要时刻关注社情民意、关注大学生成长成才，尤其是要关注与大学生直接相关的就业问题。促进大学生实现更高质量就业和推动由就业转向创业的目标，通过专业教育与就业教育的有机融合，从大学生就业“出口”思考专业教育的教学内容和教学方法。从而使专业教育聚焦创新创业人才培养，增强专业教育的指向性。二是就业教育的实效性增强。就业教育也要因事而化，因时而进，因势而新。通过与专业教育的渗透，避免就业教育在高校处于“孤军奋战”的尴尬境遇。通过与专业教育的有机渗透，实现就业教育的全程化和立体式。促进大学生更加明确未来职业发展的方向，进而提升就业教育的实效性。三是创新创业的主动性增强。在这种教育模式下，大学生的职业选择将更加明晰，要想在未来的社会竞争中占有一席之地，就必须适应经济社会形势发展的需要，着力提升大学生创新创业的本领。要提高本领，就必须夯实专业知识，进而在专业知识夯实的同时，内在的创新创业的基因自然也会得到激发。

2. “就业专业教育模式”的特性

就业专业教育渗透模式，体现“一”与“多”的统一、“虚”与“实”的统一、“动”与“静”的统一三大特性。

(1)“一”与“多”的统一

如果说就业教育是“一”,那么,专业教育就是“多”。就业教育的“一”,是指其具有单一主体(即以就业为主体),专业教育则涉及类型多样的不同专业,不同的专业之间具有不同的主题内容、不同的思维方式、不同的就业方向。因此,就业专业教育渗透模式就体现为“一”与“多”的统一。从这个特征不难看出,“一”要渗透到“多”,“一”要引领“多”,换而言之,就业教育要与各种具体不同的专业教育相互渗透,渗透的目的是要发挥“一”的引领作用。也就是说,不同的专业要以就业为导向,深入思考如何结合实际“培养适销对路的人”,以避免出现人才培养与社会需求的错位,出现所谓的“结构性失业”。

(2)“虚”与“实”的统一

专业教育具有明确的知识体系和专任教师,常言道,“学好数理化,走遍天下都不怕”,可以说,专业教育是在从事实实在在的学问,体现了专业教育的“实”。就业教育缺乏公认统一的知识体系和专业的师资队伍,缺乏有形标准,很难量化,表现为“专业性不强”,加上观念上对就业教育的功利性认知,就造成将就业教育视为“务虚”的教育,甚至表现为“可有可无”。就业教育在许多高校“说起来重要,忙起来不要”的处境就很好地诠释了它的“虚”。通过就业专业教育渗透模式,体现了“虚功实做”(就是把一项看似抽象、虚空的事,通过具体的方式和手段,成为一项看得见、摸得着、有效的工作)。通过在专业教育中渗透就业教育的核心理念和价值导向,结合不同专业的学科特点,引导学生结合专业进行就业创业。这种专业创业就业方式,既能做到学以致用,提高专业学习的兴趣,也能提升创业就业的成功率。

(3)“动”与“静”的统一

“动”是指就业教育更强调实践锻炼,“静”是指专业教育更强调理论沉思。就业专业教育的渗透模式就能将“动”与“静”统一起来,做到在就业教育中重视理论学习,在专业教育中关注实践锻炼。这样就能有效避免就业教育停留于经验说教的诟病,专业教育也会走出课堂,走出书斋,实现理论与实践的紧密结合。这样,以就业为价值导向,专业教育通过所学专业知识与实践的紧密结合,自然会增强就业或者创业的信心。根据中国社会科学院、社会科学文献出版社公布的《社会蓝皮书:2017 年中国社会形势分析与预测》，结果显示，中国高校毕业生工作与专业相关度为65%左右。专业就业对口率仍有待提高。实质上，这也从侧面反映了大学生对各自所学专业的就业方向认识不深，专业学习与实践锻炼结合不够。因此，通过就业专业教育的有机结合，就能有效弥补专业教育重理论轻实践、就业教育重实践轻理论的倾向，进而促进就业教育与专业教育的相互促进。

3. 就业专业教育渗透模式的过程

就业专业教育渗透模式可以分为就业理念渗透阶段、专业学习挖潜阶段、专业实践提升阶段三个阶段。

（1）就业理念渗透阶段

就业专业教育渗透模式，不是简单地将就业相关的知识移植到专业教学中，而是要求教师在心中时刻树立帮助大学生就业或创业的理念，在此教育导向下开展专业教学活动。一方面，就业理念渗透模式具有实现的可行性，在专业教育中，各具体专业都因劳动的分工而产生，不同的分工又产生了不同的专业。可以说，专业直接指向职业。马克思指出，单就劳动本身来说，可以把社会分为农业、工业两大类，叫作一般的分工；把这些生产大类分为种和亚种，叫作特殊的分工；把工厂内部的分工，叫作个别的分工。在这些类型不同的社会分工要求下就会产生不同的劳动形式，因而也会对劳动者提出不同的知识能力要求。职业也因分工而独立化。因此，离开职业谈专业人才培养，专业教学就会缺乏针对性和吸引力。另外，专业知识源于实践，实践发展的无限性又要求知识必须接受实践的检验，在实践检验中增强职业认知。另一方面，需要渗透的就业理念。在专业教育中，需要渗透专业就业的理念，专业是职业实现的理论准备，专业就业更能发挥个人的特长，通过专业就业对口率，提高就业的质量。需要渗透创业就业的理念，创业就业是“双创”的时代要求，专业教育要紧密结合经济社会发展形势，提升大学生的创业就业的意识和创业就业能力。需要渗透创新创业的理念。创新创业是“双创”对大学生提出的更高要求，相对于一般性的创业活动，创新创业对社会的贡献度更大。

从渗透的方式来看，一是要弘扬“双创”文化，将“双创”所蕴含的时代价值渗透到专业教学中，使大众创业、万众创新的文化氛围像空气一样无处不在。二是要重点做好对专业教师的理念渗透。通过管理方式、评价方式等的变革，鼓励专业教育进行教学内容创新、教学方法创新、教育目标创新等，使专业教师们主动承担就业创业教育的责任。三是使大学生掌握专业背景及发展趋势。通过对专业历史及背景的了解，提高大学生对所学专业的兴趣，同时通过深刻分析该专业的未来发展趋势，从实现职业发展的角度，以前瞻性的视野做出合理的职业选择。

（2）专业学习挖潜阶段

专业学习挖潜是指通过对专业知识的全面深入学习，在专业教育内容、专业发展方向中挖掘就业创业的基因，并通过创新专业教学方式等激发就业创业潜能。在这个阶段，一是从专业学习挖潜的理论依据来看，要深刻把握专业学习的目的。按照马克思主义的观点，专业学习的最终目的指向人的自由全面发展，但是人的自由全面发展的实现离不开劳动。马克思指出，未来的教育对所有已满一定年龄的儿童来说，就是生产劳动同智育和体育的结合，它不仅是提高社会生产的一种方法，还是造就全面发展的人的唯一方法。显然，专业学习如果离开了未来的劳动（就业）谈知识传授，就好比是"水中花镜中月"，缺乏直接目的性。二是从专业学习挖潜的内容来看，要从专业与就业创业的关系上，从促进更高质量就业的角度思考专业教育内容的创新。要从创新创业能力的培养上挖潜教学内容和方式。培养创新创业人才关键要靠专业教育，这就要求在课程内容选择上和教学方式方法上推动专业教学的变革。三是从专业学习挖潜的方式来看，要创新专业教学方式。要转变我说你听、我答你通的灌输式的教育方式，要充分发挥学生主体和教师主导的作用，引发学生积极思考，提升学生的独立思考能力和解决分析问题的能力。要丰富专业创新创业活动。创新创业活动是提升学生的创新思维能力的重要抓手，对于学生的创新创意成果，要采取措施加快与市场企业的合作，促进科技成果的转化，进而增强学生开展创新创业的信心。

（3）专业实践提升阶段

马克思说，人的思维是否具有客观的真理性，这不是一个理论的问题，而是一个实践的问题。人应该在实践中证明自己思维的真理性，因此，重视专业实践是夯实理论学习成果和促进理论"落地生根"的需要。专业实践提升是指结合自身专业知识而开展的实践活动，以实现理论知识的内化，并将知识转化为能力的过程。就业专业教育渗透模式下的专业实践是具有明确目的性的实践，一方面，这是指向就业创新的实践。以实现专业就业为目标，并在这个目标的基础上，结合自身专业发展前景和个人兴趣、特长等，打破传统的“专业决定就业”的观念，积极在本领域内创新就业形式和就业方向，促进职业稳定发展。另一方面，这是指向创新创业的实践。创新创业是建立在扎实的理论基础之上的。显然，专业实践符合这个要求。在创新创业的价值导向下，专业实践要深入实地、创新形式、加强组织等，保障专业实践的规范化和科学化。

（三）创新创业价值引领模式

创新创业价值引领模式是指结合“双创”时代需要，以创新创业为价值导向，创新大学生就业教育的理念和目标，改革就业教育内容和形式，激活大学生创业就业基因，以实现就业转向创业、创业带动就业。创新创业价值引领模式绝不是以创新创业教育取代就业教育，而是通过发挥创新创业的社会价值和个人价值，引导大学生正确看待就业与创业、就业与创新、创新与创业的关系，力求转变大学生存在的不合时宜的就业观念，以便跟上时代发展形势，合理定位自身，更好地进行职业选择。

1. 提出“创新创业价值引领模式”的原因

创新创业引领模式契合青年大学生的特点、契合“双创”时代要求、契合青年大学生就业教育改革的方向，这是提出这个模式的主要原因。

(1) 契合青年大学生的特点

习近平指出当代大学生是可爱、可信、可贵、可为的，这既是对青年大学生的真情流露，也很好地诠释了当代大学生的特点。青年大学生有知识、有冲劲，是创新创业的生力军，是最具创新创业潜质的社会群体。而“双创”的提出，无疑为青年大学生开展创新创业提供了机遇。同时，就业环境和就业方式等的新变化，也倒逼青年大学生加速转变传统的保守就业观念。从年龄结构来看，青年大学生具有创新创业试错的回旋余地。创业的本质是试错，并行着创业者试错和需求试错。可以说，创新创业的过程实质上是“试错”的过程。既然是“试错”，必然要付出一定的代价和冒险，显然，这对于“原则上鼓励，因为创业的确具有诱人的魅力；具体上犹豫，因为创业具有高风险。对别人支持，因为事不关己，可以高高挂起；对自己规避，因为明哲保身，尽量少闯为佳。”的中国传统文化对人对己“双重标准”的考验。因年龄上的优势，这为“试错”预留了回旋的余地，也契合了中国人的心态。另外，当代大学生更加关注个人价值实现。根据智联招聘的调查数据，在关于工作意味着什么的问题上，2016 年应届毕业生中选择“成就自己的事业”比例最高，为 71%。这种更加注重“成就自己事业成功”的价值理念与“双创”具有价值的重合性。

(2) 契合“双创”时代要求

提出“双创”战略，根本上就是要通过实施创新驱动，推动经济稳定持续发展，促进中国由经济大国向经济强国迈进。“双创”的核心是创新，根本是“创业”。创业能带动就业，创新创业是创业中的最高形式，自然创新创业对就业的带动作用更明显。进入 21 世纪以来，科技创新日新月异，创新竞争在综合国力竞争中的地位更加重要，我们必须奋起直追，迎头赶上，否则将很难实现发展阶段的跨越。推动大众创业、万众创新就是要把蕴含在人民群众之中的智慧和创造力激发出来。因此，实施创新创业价值引领模式自然成为推动大学生就业教育发展的应有之义。

(3) 契合青年大学生就业教育改革的方向

要转变人们对大学生就业教育“功利性教育”“为就业而就业的教育”的错误观念，就必须结合时代形势，创新就业教育内容、教育方式、教育目标、教育理念，才能真正发挥就业教育的价值，体现就业教育在高等教育中的重要性。在创新创业教育成为高等教育改革的主要方向的背景下，大学生就业教育更应结合创新创业教育，重构就业教育理念、目标、内容、方式等，以彰显大学生就业教育对培养创新创业人才的重要性，彰显就业教育破解大学生就业难题的不可或缺性。这是时代对大学生就业教育提出的新要求，也契合大学生就业教育改革的方向。

2. “创新创业价值引领模式”的特征

创新创业引领模式体现了理想与现实的统一、价值生成与价值实现的统一、目的和手段的统一。

(1) 理想与现实的统一

理想与现实是辩证统一的关系，创新创业对于青年大学生而言，既是现实要求，也是理想追求。大众创业、万众创新是国家战略，同时从目前创新创业形势来看，它仍处于为理想状态。但这种理想也是基于现实提出的，是基于对世情、国情和社情充分分析和把握之上的。理想对现实具有引领作用，当前，我国大学生无论在创业积极性方面还是在创新创业能力方面，都离“双创”的要求有很大距离。为此，在坚定创新创业理想信念的基础上，从解决大学生最基本的就业问题着手，要通过就业教育工作，帮助大学生实现“有业可就”的目标，解决大学生的生存问题。并在此基础上，推动实现“满意就业”，提高就业的稳定性，通过稳定就业为大学生积聚就业及社会经验、能力和信心，进而推动实现创新创业的理想。

（2）价值生成与价值实现的统一

能够更好地实现人生价值是大学生择业就业的主要目标，显然，“双创”的提出无疑为大学生价值的实现提供了条件。“双创”背景下经由就业实现创新创业是大学生实现人生价值的最佳选择。以创新创业引领大学生就业教育，体现了价值生成和价值实现的统一。也就是说，“双创”背景下大学生就业教育不能仅停留在帮助大学生找到一份工作，而是将推动大学生创新创业作为目标追求。这时的大学生就业教育的主要作用是培植大学生“创新创业遗传代码”，激活大学生创新创业的基因，生成创新创业的价值理念。在创新创业价值引领下，做好生涯规划、学好专业课程、加强实践锻炼、培养创业意识和创新精神，从而为将来实现创新创业打下基础，促进人生价值的实现。

（3）目的和手段的统一

“双创”背景下，推动大学生创新创业既是目的也是手段。同时，大学生就业教育也是实现创新创业的手段之一。创新创业的实现是一个多重因素共同作用的结果，大学生就业教育在促进实现创新创业的过程中发挥着转变观念、目标激励、人生规划、实践锻炼、能力提升、政策宣传、心理调整等作用，这是实现创新创业的基础性工作，也是实现创新创业的手段。创新创业价值引领就是通过调整大学生就业教育的理念和目标，将大学生就业教育的内在动力充分发挥出来。因此，创新创业价值引领模式体现了目的和手段的统一。

3. 创新创业价值引领模式的形式

创新创业价值引领模式主要分为理念引领、过程引领和目标引领三种形式。

(1) 实施创新创业理念引领

“教育的改革与进步必须以理念的突破和更新为先导。没有先进的教育理念,教育的目标必定是片面的,教育的行为必然是短期的,教育的发展必将是被动的。”大学生就业教育在高校“不上、不下、不专、不通”的尴尬处境,根本在于人们在理念上并没有对大学生就业教育“是什么”的问题作出本质性的认知,而是简单地将大学生就业教育视为关于促进大学生“就业”的教育。显然,这种功利性的教育理念违背了大学生就业教育的本质,也必然会导致大学生就业教育沦为“权宜之计”的教育活动。要实现经由就业转向创新创业的目标,就必须树立正确的就业教育理念。一方面,树立创新创业的理念。创新创业是国家对大学生的要求。同时,只有创新创业,大学生才能更好地适应未来社会发展和提高就业质量。这就要求高校、教师及大学生要转变将就业教育视为功利性教育的观念。从就业教育对创新创业的价值上理解就业教育。另一方面,形成主体责任的理念。理念引领最终要落实到人的身上,需要回答“谁来引领”的问题。从当前高校开展大学生就业教育情况来看,大学生就业教育的主体责任并没有真正理清,部分专业教师将大学生就业教育的主体责任视为就业专兼职教师的责任,将专业教育与就业教育之间的关系人为地割裂;部分高校也常将就业教育视为功利性的教育,将高校的人才培养与大学生就业教育相脱离。显然,这种视就业教育与己无关的理念,不利于大学生就业教育的开展。因此,这就要求转变高校办学主体、全体教师对大学生就业教育的认知,使高校办学主体、全体教师都要承担起大学生就业教育的责任,将就业教育的理念贯穿教育教学的各个环节,以形成大学生就业教育的合力。

(2) 实施创新创业过程引领

过程引领是指将创新创业贯穿于大学生就业教育全过程。一般认为,大学生就业教育贯穿大学各个阶段。从初入大学对就业择业的懵懂,到初步了解职业、了解就业形势开始职业探索,再到掌握一定的理论知识和个人成长,对未来职业选择进行比较鉴别,最后做出理性的职业抉择。需要经历一个长期的探索过程。因此,大学生就业创业理念形成过程可分为就业创业懵懂阶段、就业创业理念由模糊到清晰的过渡阶段、理性就业创业阶段。因此,创新创业引领要结合不同阶段的实际情况,对大学生的就业创业理念进行教育和引导。首先在就业创业懵懂阶段。重点在于向大学生们灌输创新创业的社会价值和个人价值，增强大学生的创新创业的责任感和使命感。其次在就业由模糊向清晰过渡阶段。重点在于创新创业的信心教育，要通过榜样教育、精神激励等方式激发青年大学生创新创业梦想。在理念引领的基础上，努力提高学生各个方面的素质和职业能力。再次，理性就业创业阶段，重点通过创新创业政策和对经济社会发展形势的分析，理解创新创业对国家发展的战略意义，推动大学生作出契合自身实际的就业或创业选择。

(3) 实施创新创业目标引领

树立创新创业目标是“双创”对高校大学生就业方式的最高要求。创新创业目标引领就是将创新创业作为大学生就业的目标，并以此目标为导向，设计职业生涯规划、改革专业教学、开展社会实践、创新教育方式、优化队伍建设等，以推动大学生进行创新创业。只有进行创新创业目标引领，才能保证就业创业教育的发展方向和发展重点，落实创新创业教育目标。要实现创新创业目标引领，一方面，要加强创新创业宣传引导。通过在教育教学过程中和在校园文化建设中利用各种宣传媒介进行创新创业宣传引导，使高校办学主体、高校教师和全体学生认识到开展创新创业的重要性、必要性和紧迫性，明确创新创业的内在要求和本质特征，从“培养什么人，怎样培养人”的高度理解创新创业，转变对创新创业的认识偏差，使高校办学主体、教师和学生形成对创新创业的理性认知和行动自觉。另一方面，要厚植创新创业文化。厚植创新创业文化，既需要加强创新创业平台硬件建设，又需要在校园文化建设中重视校园创新创业社团活动、创新创业榜样宣传等软件建设，积极培养健康的创新创业文化，着力增强大学生对创新创业文化的认知认同，努力提高全体师生的创新精神和创业意识，广播创新创业火种，激发全校师生的创新创业热情。

二、“双创”视阈下大学生就业教育模式的运行机制

“双创”视阈下大学生就业教育模式的运行机制，是指结合“双创”的时代背景和内在要求，有机协调大学生就业教育的内在构成要素和外在影响因素，推动大学生就业教育模式功能发挥的运行方式或教育方式，主要包括就业需求导向机制、就业创业分流机制、协同合力发挥机制。

（一）就业需求导向机制

就业需求导向机制，是指遵循人的就业需求发展的规律性，引导大学生实现就业理念转变，以适应“双创”要求的运行方式和工作方式（教育方式）。就业需求导向机制主要解决“如何引导由就业转向创业”的问题。

1. 提出就业需求导向机制的原因

提出就业需求导向机制是由人的需求的阶梯性和社会需求的发展性决定的，人的需要和社会需求的不断发展必然引起人的就业需求的发展。大学生就业需求处于不断发展之中，随着时代和周围环境的变化而不断产生新的就业需求。马克思主义关于人的需求发展理论是就业需求导向机制提出的理论依据。马斯洛的“层级需要”理论为就业需求导向的提出提供了借鉴意义。社会发展对人才需求的发展性是就业需求导向机制提出的现实依据。

（1）人的需求的发展性

马克思主义需要理论是我们思考现实需要的基础。他把人的需要视为“人的本性”，把人的自然需要视为“人的一般本性”，把人的社会需要视为“历史性地发生了变化的本性”。马克思不仅把人的需要看作人的本性，而且还将其视为人的“内心意向”，指出：“任何人如果不同时为自己的某种需要和为这种需要的器官做事，他就什么也不能做。”马克思在描述人类社会发展时也曾指出，人类最初的活动是生产人生存所需要的衣、食、住以及其他东西，即“第一个历史活动就是生产满足这些需要的物质资料”，而一旦“能够生活”的需要得到满足，那么这种“已经得到满足的第一个需要本身、满足需要的活动和已经获得的为满足需要而用的工具又引起新的需要”。

人的需要发展的递进性，必然会反映到人们的日常生活的方方面面。马克思关于需要的理论为我们开展就业教育工作提供了理论依据。西方资产阶级学家也有关于人的需要的研究，其中最有代表性的是马斯洛提出的“层次需要”理论，他将人的需要由低到高概括为五种，分别是生理需要、安全需要、归属和爱的需要、尊重的需要和自我实现的需要。五大需要之间是相互联系逐级递进的关系，低一级的需要满足了，就会主动追求高一级的需要。尽管马克思的人的需要理论是站在人与社会的关系层面，马斯洛的需要理论则建立在人的心理层面。在立场和角度上两个理论有着本质的区别。但是，其共同点是把人的需要视为一个上升的序列。这对于我们认识人、理解人，尤其是开展教育工作具有重要意义。由此，联系到大学生的就业教育，大学生就业需要的发展性也就成为大学生就业的基本特性。马克思主义人的需要理论也就成为大学生就业教育需求发展规律的理论依据；马斯洛的“层级需要”理论也为就业教育提供了借鉴意义。

(2) 社会发展对人才需求的发展性

经济社会发展对人才需求不断提出新要求。从横向看，经济社会发展会对人才需求结构产生影响。例如，经济结构的调整会影响人才需求结构，尤其是产业结构的调整对人才的需求变化是直接的和深刻的，产业结构的变化对人才需求结构的变化更为直接。当前，随着我国产业结构的转型，现代服务业将取代工业成为吸纳劳动力的主要部门，伴随着现代服务业的发展，出现的如金融、保险、旅游、信息、咨询、法律服务等新兴服务业将成为人才需求的新高地。与此同时，许多过去炙手可热的专业或职业将面临被淘汰的危险。国家发展重心的转移也会影响人才需求，当前乃至今后未来一段时间，国家经济发展的重心将放在中西部和相对落后地区，这是实现共同富裕和中华民族伟大复兴中国梦的必然要求。随着“一带一路”和城镇化、农业现代化的逐步推进，西部地区和基层将出现更多的就业机会。同时，随着工业 4.0、智能机器人、互联网、云平台、大数据时代的到来，创新型、复合型人才将成为人才需求的重点。从纵向看，中华人民共和国成立初期，为了迅速恢复国民经济，巩固新生的政权，国家对高校大学生实行“统包统分”的政策，重点培养各类技术型人才，保证国家重点建设项目。同时为了巩固国防，“哈军工”、国防科技大学、第二炮兵工程学院等军事院校先后建立，为国家培养亟须的国防科技人才。改革开放初期，国家坚持以经济建设为中心，对外开放交流的力度加大，这一时期科技人才、管理人才、外语人才变得炙手可热。这一时期，邓小平提出：“党必须特别培养精通生产技术和其他各种专门业务知识的干部，因为这是建设社会主义的基本力量。”新世纪新阶段，经济发展进入新常态，改革开放进入攻坚期和深水区，为突破经济发展瓶颈，国家实施创新驱动战略，提出：“加快推进人才结构战略性调整，建立一支规模宏大、素质优良、结构合理、勇于创新的高水平创新人才队伍。”可见，经济社会发展引起人才需求结构的新变化，这种变化必然会引起大学生就业的变化，只有充分认识到这一点，主动调整自身的就业能力和素质，才能满足社会的发展要求。

2. 就业需求导向机制的运行原则

就业需求导向机制在实际运行过程中要坚持弘扬就业主旋律的原则、满足大学生成长成才需要的原则、适应社会发展需要的原则。

(1) 坚持弘扬就业主旋律的原则

坚持弘扬就业主旋律是就业需求导向机制的根本原则。只有在弘扬就业主旋律的原则下，才能保证就业需求导向机制的运行方向。在经济发展进入新常态的背景下，唱响到基层、到西部就业是就业的主旋律，这不仅是就业教育的应有之义，也是经济新常态下推进大学生就业教育的主要任务。换言之，经济新常态下的大学生就业教育要体现导向的坚定性。同时，经济新常态下唱响到基层、到西部就业主旋律教育，又具有鲜明的时代特点。经济新常态下，国家实施的城镇化、信息化、“一带一路”等经济发展战略，为这些地区实现“弯道超车”和“跨越发展”带来了难得的机遇。但与此同时，在未来很长一段时间内，这些地区将为青年大学生建功立业，实现人生价值提供了机遇。因此，经济新常态下，也为唱响到基层、西部地区就业和创业主旋律教育增加了说服力。

(2) 满足大学生成长成才需要的原则

开展大学生就业教育，首先要了解学生的内心需要(主要是指职业发展需要)，然后从学生的个性特点和成才规律出发，选择适宜的就业教育方法，优化就业教育内容，创新就业教育载体，将就业教育真正做到学生的心坎上，培育大学生形成良好的职业道德和职业心理，促进大学生健康成长。当前，要实现“两个一百年”的奋斗目标中华民族伟大复兴的中国梦，离不开创新创业人才。经济新常态下的创新驱动，实质上是人才驱动，只有努力形成一支规模宏大、富有创新精神和敢担风险的创新创业人才，才能实现经济新常态下经济社会发展的目标。因此，只有将个人成长成才需要同国家发展紧密相连，使大学生真正体会到创新创业对个人价值和利益实现的重要性，才能促进就业需求的转向，积极创业就业和创新创业。

(3) 适应社会发展需求的原则

经济发展离不开人才，人才是推动经济发展最为核心的要素。“双创”

时代，人才资源作为第一资源的地位更加凸显。习近平指出："坚持正确用人导向，坚持德才兼备、以德为先，努力做到选贤任能、用当其时，知人善任、人尽其才。"因此，以社会需求为导向，培养适应经济发展的各级各类人才，是推动经济持续健康发展的根本需要。同时，以需求为导向的人才培养，可以更好地帮助大学生顺利就业，而就业事关千家万户的切身利益。因此，"双创"视域下，坚持需求为导向做好大学生就业教育工作，优化人才培养结构，以实现个人能力结构与社会需求的无缝对接，可以更好地促进经济发展和维护社会稳定。

3. 就业需求导向机制的运行形式

"双创"视阈下大学生就业需求导向机制可以采用"双创"引导就业需求、创新创业引领创业需求。

(1)"双创"引导就业需求

青年大学生是"双创"的生力军，面对当前形势下大学生就业难的客观现实，就需要发挥就业需求引导机制，激发大学生进行"双创"的内在动力，适应社会发展需要破解就业难题。"双创"引导就业需求主要体现在以下三个方面。

一是"双创"责任引导。"双创"责任引导是指"双创"是时代赋予青年大学生的责任和使命，要从责任和使命担当的层面引导大学生创新创业的需求。大众创业、万众创新是经济社会发展的动力之源、公平之计、富民之道、强国之举。是我国在经济发展进入新常态、改革开放进入攻坚期和深水区时期，提出的引领我国经济发展的新引擎。面对全球科技创新呈现出的新态势和新特征，我们要想不在这场科技创新的赛场上落伍，就必须"激发蕴含在人民群众之中的无穷智慧和创造力，使千千万万人靠创业自立、凭创新出彩，在平等参与现代化进程中通过辛勤劳动和智慧富起来，更好地实现人生价值和精神追求。"显然，在这场"双创"改革潮流中，青年大学生肩负着不可推卸的责任和使命。这是由青年大学生的特点和党和人民对青年大学生的期望所决定的。正如习近平指出的"未来总是属于年轻人的。拥有一大批创新型青年人才，是国家创新活力之所在，也是科技发展希望之所在。"因此，时刻铭记时代赋予的责任和使命，适应国家发展的需要，积极投身创新创业实践，青年大学生责无旁贷。

二是“双创”信心引导。信心比黄金还重要，从调查结果来看，大学生就业或创业面临困境的主要原因是缺乏自信。面对严峻的就业形势，大学生在求职过程中屡战屡败的情况屡见不鲜，频繁的失利往往会造成部分大学生产生自卑心理。在创业方面畏首畏尾，瞻前顾后，实质上也是不自信的表现。美国著名心理学家特尔曼曾在四十年的时间内对 1 528 名智力超常儿童进行追踪研究，结果表明：成才者的个性品质与成就大小的关系极为密切，取得较大成绩者，除具有优良的品质外，都有着充分的自信心。造成大学生就业或创业缺乏自信的主要原因是多方面的。但是从客观原因来看，就业或创业过程中存在的就业歧视现象是造成大学生不自信的主要原因。“双创”背景下，无论就业还是创业，人人都能享受机会公平、社会公平、权利公平，这无疑有助于消除各类潜在的歧视，增强就业和创业自信。

三是“双创”形势引导。“双创”形势引导是指通过经济社会发展形势及大学生就业形势引导大学生创新创业。经济社会发展形势直接影响大学生就业。经济发展新常态下，随着经济发展速度的放缓、经济结构转型升级、创新驱动发展战略的实施，大学生就业形势将更加严峻、就业方式将更加多元、创新驱动呼唤创新型人才，这些都会对大学生就业产生深刻影响。适者生存，不适者被淘汰，要想实现就业，就必须跟上形势发展的需要，适应“双创”的要求，积极创业就业。“双创”形势引导就是通过向大学生全面分析经济社会发展形势，教育大学生要结合适应形势，选择就业方式。

(2) 创新创业引领创业

创新创业是最高形式的创业，相对于其他形式的创业，创新创业对社会的贡献度更大，创新创业理应成为大学生创业的最高需求。

一是创新创业“价值引导”。相对于一般的创业活动，创新创业的价值更大，对社会的贡献度更高。创业一般分为生存型创业和机会型创业(同创新型创业)。生存型创业是指仅以满足个人生存为目的的创业，如开个小餐馆、小店等。学者奥德曼斯切认为，“生存型创业更多的是一种‘流亡’效应，他们很少为经济增长做贡献，因为他们拥有的资本较少，创业能力也不强。”而机会型创业，著名经济学家成思危认为：“国家最需要的是创新型的企业，在商业模式创新、技术创新和产品创新上有突破。”而且创新创业所带来的个人价值和社会价值更大。创新创业对于引领经济发展新常态、推动国家创新发展战略、促进经济提质增效都具有重要的价值。就个人价值而言，创新创业对于激发个人的思考能力、创新创业能力、贯通能力等方面都具有重要的价值。因此，通过认识创新创业的价值，有助于激发大学生的就业创新需求，进而推动创新创业。

二是创新创业“榜样引导”。榜样是指对他人具有示范或激励作用的个人或群体。创新创业作为一项更高层次的创业实践活动，对人所要求的素质和能力更高，同时，伴随的风险也更大，常会导致一些人望而却步，从而出现创新创业呼声高，但创新创业行动低的尴尬处境。而榜样引导与青年大学生的个性特征相契合，青年正处于世界观、人生观和价值观养成的阶段。既有思想活跃、情感丰富，渴望独立、向往自由，又有易受暗示、容易感情用事，缺乏社会认知，自信心不足等特点；既有敢作为、争强好胜，又有持续性不强、意气行事等特点。既有远大的理想和追求，但又有缺乏实现理想和追求的强大动力等特点。因此，榜样引导有助于青年大学生增强自信、自立、自强的品格，激发实现远大理想的强大内在动力。在创新创业面前，部分大学生表现得畏首畏尾，瞻前顾后，实质上都是不自信的表现。这时就要充分发挥榜样引导的作用，如充分挖掘校友资源，发挥就业、创业榜样激励，以“接地气”的成功校友鼓励大学生积极就业、创业。如现在兴起的“互联网＋”创业方式，对青年大学生是一个很大的挑战和诱惑，如果这时适时切入身边一些成功的创新创业的榜样的案例，就会极大地激发大学生参与创新创业的勇气。

三是创新创业“政策引导”。推动大学生创新创业，既要注重理论和实践教育，又要注重创造适宜的创新创业的社会环境。政策上的支持是激发大学生创新创业的重要手段。调查显示：创业者普遍认为鼓励大学生创业的政策有效。持完全赞同和比较赞同的共占71.13％，持完全不赞同与比较不赞同的仅占9.15％。近年来，为促进大学生创新创业，国家及地方先后出台了许多关于促进大学生创新创业的政策。如《人力资源和社会保障部等九部门关于实施大学生创业引领计划的通知》(人社部发〔2014〕38号)、《国务院关于加快构建大众创业万众创新支撑平台的指导意见》(国发〔2015〕53号)等。政策具有明显的导向性。如：通过许多创业优惠措施，可以引导大学生积极创业，以创业带动就业，从而缓解就业压力。国家鼓励创新型创业，如鼓励从事高科技、现代制造、现代服务业等行业领域的投资与经营，国家还鼓励大学生基层创业或就业，等等。通过创业政策引导，大学生可以根据客观实际选择适合自己的创业活动。为了鼓励大学生创新创业，在创新创业资金的来源、创业场所、工商登记、税收减免、学籍管理、创业辅导、跟踪扶持等方面都有相关优惠政策，从而为大学生开展创新创业活动提供便利。通过对这些就业创业政策的了解，为大学生开展创新创业解除后顾之忧，激发大学生创新创业的热情。

（二）就业创业分流机制

“双创”视阈下大学生就业教育就业创业分流机制，是指在面向全体施教的过程中，根据大学生的个性特点和就业创业兴趣，在尊重个人意愿的基础上，实施就业和创业教育分流，开展有针对性的教育。如针对有创业意向的学生“重点开展‘创业企业管理’的知识与技能教育，主要目标是培养实际创办企业的能力，”就业创业分流机制的目的是通过分类施教来提高教育资源的效率。就业创业分流机制主要解决“如何在专业教育过程中实施就业和创业分流”问题。

1. 提出“就业创业分流机制”的原因

合理优化和分配教育资源、促进个性发展、提升就业满意度，是提出就业创业分流机制的主要原因。

（1）合理优化和配置教育资源的需要

“双创”背景下，国家鼓励大众创业、万众创新，但并非意味着而且也不可能保证所有的大学生都去创业就业。因为个性特点和能力差异等方面的原因，有些大学生适合开创性创业，有些则可能更适合被雇佣“就业”。同时，因目前就业创业师资队伍、就业创业实践平台、就业创业资金支持、高校之间实力差异等方面的制约，并不能保证所有的大学生都能分享到均衡的就业创业教育资源。这就客观上要求只有通过实施就业创业分流机制，通过教育分流，针对有创业意愿和创业潜质的学生，开展有针对性的创业教育，在学科课程上拓展拓深，从识别机会、创业计划、组建团队、企业融资等方面都有系统的传授和实践体验，增强其开展创业的实战本领。对于不准备或暂时不准备创业的学生，只要完成创业意识培养、创业文化的启蒙和熏陶就足够了。这样就能将“好钢用在刀刃上”，有效地利用和分配资源，提高资源的利用效率。

(2) 促进大学生个性发展的需要

推动大众创业、万众创新，鼓励大学生创业就业和创新创业，并不是要求所有人都去创新创业。从创新创业教育的要求来看，培养学生创新精神、创业意识和创新创业能力是创新创业教育的主要目标。显然，创新创业教育不是仅关注和培养“创业”的教育，而是重在培养学生创新创业所应具有的内在能力和素质。这些素质和能力的培养，对于激发个人潜能和创造力无疑具有重要的作用。同时，通过创新创业文化的弘扬，在新一代人中塑造敢于创新、勇于创业、乐于创造的全新观念，这不仅有利于社会的稳定和谐发展，还也有利于个体实现自身价值和人生意义。因此，通过就业创业分流，针对不同的学生实施针对性的就业或创业教育，开展适合学生个性特长发展的教育，可以促进其个性的发展。

(3) 提升大学生就业满意度的需要

就业满意度(或称为就业幸福感)是指就业期望与实际获得就业岗位之间的契合度。契合度越低，表明满意度越高，反之则越低。它强调的是就业者对自身就业状况的一种主观心理感受。尽管国家政策上支持鼓励“双创”和社会“创新创业”的氛围日益浓厚，由此必然会对大学生的业创业的心理带来一定的压力，可能会出现创业“随大流”“赶鸭子上架”等状况。显然，这种方式既不利于创业成功，也不利于个人的职业发展，更影响到个人和家庭的生活幸福。在这种情况下，对于个人而言，就业满意度会极大降低。因此，通过就业创业分流，既尊重了个人意愿和个性特点，又开展了针对性的教育，进而增强了个人的就业或创业能力，提高了其就业或创业竞争力。个人根据自身爱好和特长选择与之相匹配的工作，越能发挥个性特长，其工作适应性也就越强，个人的积极性和创造性越能得到有效发挥，其就业满意度自然会增强。

2. 就业创业分流机制的运行原则

就业创业分流并必须遵循一定的原则，才能保证就业创业分流实施的科学性。这些原则包括以鼓励为主的原则、尊重个性差异的原则和自由选择的原则。

(1) 以鼓励为主的原则

鼓励大学生创新创业，这是“双创”的内在要求，也是党和人民的期望，更是经济社会和就业形势发展的客观要求。“双创”视阈下，要为经济发展注入新活力，要激发蕴含在人民群众之中的智慧和创造力，必须唤起青年大学生创新创业的责任，青年兴则国兴，青年强则国强，青年有担当国家有希望。创新创业并非遥不可及，其根本原因是受中国封建传统文化“中庸”等思想的影响，一些人缺乏“冒的精神”和“闯的精神”。邓小平说过：“没有一点‘闯’的精神，没有一点‘冒’的精神，没有一股气呀、劲呀，走不出一条新路，干不出新的事业。”因此，坚持以鼓励为主的原则，通过榜样激励、目标激励、政策激励等方式转变大学生保守的就业观念，是推动大学生开展创新创业的重要举措。另外，基于目前我国大学生创业率较低的现实，要将“双创”精神扎根于大学生心中，既要尊重个人意愿，更要坚持以鼓励为主的原则，转变大学生思想中存在的保守落后的就业创业观念。

(2) 尊重个性差异的原则

受遗传、环境、个体主观努力等因素的影响，人的能力、气质、性格都是有差异的。不同的能力、气质、性格也会对其职业选择产生直接影响。比如，从气质类型上看，多血质的人适合选择灵敏度和创造性的工作，而不符合从事机械单调和要求细致的工作；胆汁质的人可选择外显性和不细致的工作；黏液质的人则适合从事有条不紊、耐受性较高的工作；抑郁质的人则适合需要审慎小心、观察力强的工作。美国心理学家霍兰德把人的性格分为六种类型，这六种类型分别与六种职业相对应，只有找到与自己的性格相一致的职业，人的潜能才能得到更好的发挥，在工作过程中才能感受到乐趣。在能力方面，语言能力强的适合从事教师、政治家等职业；逻辑思维强的人则适合从事会计、程序员等职业；人际交往能力强的则适合从事营销、咨询等职业，等等。也就是说，正如世界上没有完全相同的两片树叶，人与人之间的差异也是如此。在就业创业分流的过程中，认清不同个体的个性特征以及优势与不足，从具体实际出发，实现人职匹配。

(3) 坚持自由选择的原则

自由选择的原则，是指实施就业创业分流的过程，既可以选择就业教育，也可以选择创业教育。同时，还可以双向和自由选择。也就是说，就业创业分流绝不是“单选一”的一次性选择，而是通过来去自由的原则，在反复比较中做出合理的决策。自由选择的意义是可以避免大学生因一时选择失误而错失自身发展的机会。坚持自由选择的原则,这是大学生对自身能力和个性特点不了解所致,正如苏格拉底的"认识你自己"的哲学追问,实际上也证明了正确认识自己绝非易事。在选择就业还是创业的问题上,自然也应不断对自己做出肯定-否定-肯定的追问,以便做出符合自身实际的正确选择。在就业创业分流机制中,坚持自由选择的原因为此。

3. 就业创业分流机制的运行形式

在具体的实施过程中,就业创业分流可以采取三种形式,分别是全面施教中的分流、专业教学中的分流和社会实践中的分流。

(1) 全面施教中的分流

全面施教中的分流是指就业创业教育在面向全体学生施教的过程中所进行的分流。这种分流方式是基于学生思维、个性特点认知和主观意愿,再加上教师的客观分析判断所进行的分流。全面施教中的分流既能保证全体学生都有接受就业创业教育的机会,获得就业创业的基本的常识和能力。同时在此基础上,通过实施有的放矢的分流,针对不同对象进行专门和专业的就业或创业教育,保证学生都能在适合自己的领域获得成长。在具体措施上,可以借鉴职业测评的方式,参考职业测评结果,为实施分流提供借鉴。还可以按照能力差异来分流,如接受教育的过程中,因先天及后天努力程度的不同,不同的大学生会表现出不同的能力差异,如沟通能力强但管理能力弱、科研能力强但是表达能力弱、执行能力强但是创新创业能力弱等都会制约人的全面发展,由此必然会影响职业选择。尽管有些能力是可以通过教育和后天努力加以弥补的,但是有些很难改观。因此,结合能力差异,做好分流工作也是促进个人职业发展的需要。当然,根据个人意愿分流是最基本的,个人因家庭环境、主观偏好、主观努力等的不同,也会影响对就业创业的抉择。因此,在全面施教过程中做好就业创业分流工作,既有利于个人发展,也有利于提高教育资源的利用效率。

(2) 专业教学中的分流

专业教学中的分流,是指在专业教学过程中,根据专业特点、学生兴趣爱好、个性特征等所进行的就业创业分流。专业教学中的分流既能体现专业特点,也能根据大学生的专业学习情况,体现就业创业教育结合专业进行分类施教的原则。这时的分流可采取两种形式，一种是根据专业特点进行总体分流。因学科不同，专业类型多种多样，有些专业更适合结合专业进行创业，有些专业则很难直接在专业领域创业。比如电子商务专业的学习，比较适宜“互联网＋”的创业，同样管理学、经济学、财务管理、企业管理等专业也具有直接创业的潜质，因为这些专业所学的知识都是创业实践所必须具备的。而像马克思主义理论类专业、哲学类专业等，很难结合专业进行创业。因此，结合专业特点在总体上进行大致的分流具有必要性和可行性。另一种是结合专业学习情况进行重点分流。在专业学习过程中，大学生的专业学习情况、能力差异、兴趣爱好差异明显，有些学生的创业潜质和就业方向就会展现出来，尽管有些专业不适合在专业领域直接创业，但通过专业的学习训练，其思维能力、创造能力、沟通和管理的能力等都会得到充分展现，这时就要求专业教师及时发现，并加以科学合理的引导，鼓励学生做出就业或创业的抉择，实现就业创业的分流。

（三）协同合力发挥机制

“坚持协同推进，汇聚培养合力。”是国家政策文件对推进创新创业教育的要求。实际上，就业创业、创新创业作为一项复杂性的工作，如果不能实现协同，形成合力，就业教育的实效性就很难得到提高。坚持协同合力发挥机制，就是要解决“如何实现创新创业价值引领”的问题。

1. 提出“协同合力发挥机制”的原因

提出“协同合力发挥”主要基于协同合力的重要性、就业创业教育的复杂性和“双创”的客观要求。

(1) 协同合力的重要性

协同是指协调两个或者两个以上的不同资源或者个体协同一致地完成某一目标的过程或能力。合力发挥是指不同教育主体之间、教育主体与教育客体之间拧成一股绳，劲往一处使，形成强大合力。可见，协同和合力实质上是一个问题的两个方面，即通过协同形成合力，合力的形成实质上是协同的结果。由此，从合力形成的重要性可以得出协同合力发挥的重要性。

恩格斯指出：“历史是这样创造的，最终的结果总是从许多单个的意志的相互冲突中产生出来的，而其中每一个意志，又是由于许多特殊的生活条件才成为它所成为的那样。这样就有无数相互交错的力量，有无数个力的平行四边形，由此就产生出一个合力，即历史结果。而这个结果又可以看作一个作为整体的、不自觉地和不自主地起着作用的力量的产物。”恩格斯的“合力论”思想表明了历史发展是物质条件和其个人意志合力的统一。在坚持经济因素在历史发展中起决定作用的前提下，不能忽视个人及其主体合力对历史发展所起的作用。在具体谈到思想政治教育工作时，毛泽东曾明确指出：“思想政治工作，各个部门都要负责任，共产党应该管，青年团应该管，政府主管部门应该管，学校的校长教师更应该管。”在这里，毛泽东进一步明确了“合力”发挥的具体要求和措施。由此，结合大学生就业教育工作，同样需要利用合力发挥规律，协同形成学校教育、家庭教育和社会教育的“合力”，形成教书育人、管理育人、环境育人、服务育人的“合力”。

（2）就业创业教育的复杂性

大学生就业创业教育内容涉及教育学、心理学、思想政治教育学、法学、管理学、财务管理等多学科知识。显然，要想开展大学生就业创业教育，单靠具有某一专业背景的教育者是无法完成的。而且从高校目前就业创业队伍的构成来看，具有多学科、双师型背景的教师极其短缺，这就必然需要发挥不同学科背景的教师共同参与大学生就业教育，以建构多元化的就业创业教育队伍。另外，大学生就业创业教育也是一项特殊的教育活动，其特殊性表现在：同专业教育相比，作为受教育者即大学生，在就业创业教育过程中，受到家庭教育、社会教育的影响更加复杂和深刻。换言之，大学生就业教育常会表现为“5＋2＜7”甚至“5＋2＝0”的情况，即 5 天的学校教育，加上 2 天的家庭教育或社会教育，其教育效果往往不能如其所愿，甚至呈现无效或低效状态，实现不了就业创业教育的目标。这是就业创业教育主体构成成分的复杂性造成的，不同的教育主体都会结合自身的就业创业价值判断去影响大学生，作为学生家长，对子女的影响更是直接和深刻的，如果家长的就业创业理念与学校教师的就业创业教育理念冲突或不协调，就业创业教育的实效性必然会大打折扣。同样，社会教育也会对大学生就业教育产生积极或消极的影响，如果社会充满了就业歧视、功利就业、大肆炒作就业形势等负面因素，同样会加重大学生就业心理压力和增强对社会的不信任感。反之，如果社会就业正能量的因素增加，例如，像天津卫视的《非你莫属》、中国教育电视台和江苏卫视联合开办的《职来职往》和中央电视台主办的《开讲了》等节目，集教育性、娱乐性和参与性于一体的就业教育类节目，同样会对大学生就业创业观念带来积极的影响，深化学校教育的效果。可见，大学生就业创业教育的特殊性要求协同不同资源和教育主体形成合力。

(3)“双创”时代的客观要求

“双创”对大学生就业教育目标、理念、教育队伍建设、教育实践模式等都提出了新要求。大学生就业教育由过去的帮助大学生找到一份工作，转变为推动大学生由就业转向创业、创业带动就业。不仅如此，还要推动创新创业。同时，“双创”视阈下互联网＋、大数据、云计算等带来大量的新经济、新业态和新职业，这都对传统的大学生就业观念和就业能力提出了新的要求。由此，大学生就业教育在人才培养类型、人才培养理念等方面都将面临新的变化，这些变化也对大学生就业教育队伍建设提出了新的要求。因此，如何适应“双创”的新要求，转变大学生就业观念、提升大学生就业能力、促进大学生创业就业，如何在政策上、环境上、文化上形成创新创业的合力、如何聚集资源、形成统一领导、齐抓共管、开放合作、全员参与、形成全社会关心支持创新创业的生态环境就成为“双创”时代必须要面对的课题。

2. 协同合力发挥机制的运行原则

协同合力发挥机制运行的原则，要求做到理念统一、目标一致和行动协调。

(1) 理念统一

理念统一是指各就业教育主体要形成对就业教育理念的一致性认识，即形成对大学生就业教育统一的价值认知。换言之，要在就业教育的内涵、特征、价值、教育内容、教育方法、教育规律等方面形成统一的认知。只有首先在理念上形成统一，才能在教育目标和行动协调方面达成一致。尽管本书将大学生就业教育目标划分为三个方面，但是在实际的教育教学过程中，这三个方面实质上又可以作为一个整体来看待；因为这三项目标并非能截然分开，而是处于一个相互联系、相互制约、相互促进的关系链中。坚持理念统一是形成就业教育合力的基本条件。

(2) 目标一致

目标一致即形成就业转向创业、创业带动就业的总体目标。目标一致是实现就业教育目标的根本条件。基于当前各高校在实施大学生就业教育过程中并没有形成对就业教育目标的一致性认识，可谓仁者见仁，智者见智。显然，如果不能在就业教育目标上统一认识，就无法实现在教育内容、教育方法等方面的协同。因此，坚持就业教育目标的一致性，就能有效掌控就业教育的教育重点、难点，并共同探索就业教育的规律，促进就业教育的科学化。

(3) 行动协调

行动协调是指不同教育主体在行动上协调配合，朝着共同的目标前进。行动协调是理念统一和目标一致的要求。理念统一和目标一致是行动协调的前提，行动协调是理念统一和目标一致的保证。行动协调是形成教育合力的保证条件。这里的行动协调是指各就业教育主体在共同的就业教育理念和就业目标的导引下，充分调动各教育主体的积极性和创造性，不同教育主体之间能够相互配合，积极参与就业教育工作，共同推动就业教育工作的开展。

3. 协同合力发挥机制的运行形式

协同合力发挥包括合力形成和协同合力发挥两个阶段。只有通过协同形成合力，在此基础上创新机制促进合力发挥。

(1) 协同形成就业教育内部合力

一是要协同高校内部形成合力。高校办学主体要通过推进就业教育的理念转变，真正从就业"一把手"工程的高度对待大学生就业教育，在课程体系设置、就业教育队伍建设、就业教育队伍考核、就业教育制度等方面做好顶层设计。高校全体教师要承担起大学生就业教育的主体责任。也就是说，就业教育不仅是就业教育专职教师的任务，也是专业教师的责任，如果离开了专业教育的主体性作用发挥，就业教育也很难取得实效。根据当前专业教育与就业教育相脱节的问题，转变专业教师的就业教育理念成为提高就业教育实效性的当务之急。大学生作为受教育者也要正确认识就业教育的价值，要转变将就业教育视为高校提高就业率的权宜之计的观念，要将就业教育视为促进大学生成长成才的重要抓手。因此，高校办学主体、高校教师和大学生形成合力，是协同合力发挥机制运行的基础。二是要形成不同就业教育者的合力。也就是形成高校专职就业教育教师、专业教师和各类社会兼职就业教育人员之间的合力。专兼职的大学生就业教育队伍是开展就业教育的骨干力量，站在大学生就业教育的前沿阵地，只有专兼职教师协同配合，才能保证学生既有理论知识，又有实战经验。但长期以来，大学生就业教育队伍存在“不职业”和“不专业”的问题。无论在知识结构还是能力结构方面，都难言胜任。在管理方式上，存在“无人管”或“多头管”的问题。许多高校并没有将这支队伍单列，进行专门的管理，表现为“可有可无”或者“临时拼凑”。显然，这样的队伍结构和管理方式难以调动各方的主动性和积极性，教育合力也就难以形成。因此，通过职业化、专业化、专家化推进这支队伍建设是形成就业教育合力的必然要求。三是形成就业、招生、教学、学生工作、后勤服务等部门联动工作机制。在高校内部形成全员发动、人人参与的就业格局。创新绩效考核方式，将就业创业教育工作作为考核这些部门的重要依据，以提高各部门参与的积极性。只有协同形成各部门的合力，才能切实做到“机构、人员、场地、经费”的四到位。

(2) 协同形成就业教育外部合力

要发挥大学生就业教育合力。一方面，要加强家校联系，建立家校协同育人机制。家长是大学生就业教育过程中不可或缺的教育力量，在家庭生活中，家长的世界观、人生观和价值观以及待人接物的态度是孩子为人做事的参照系，对孩子有着直接影响。这就要求家长在家庭生活中，要在言谈举止中体现“干一行、爱一行”，“今日事、今日毕”的工作态度。多向孩子分享工作中的趣闻趣事，以自身的勤奋敬业，体现所从事的工作岗位对社会和对国家的价值。同时，合理利用业余生活，刻苦钻研业务，不断提升自身的工作能力。即便在工作中遇到难题和各种不顺心的事情，也要注意表达方式方法，以着眼长远和乐观的心态传达社会的正能量。这样，孩子就会在潜移默化中树立以家长为榜样的就业态度和职业理念。高校就业教育专职教师要主动和学生家长多沟通、多交流，了解家长对子女就业的想法，并将高校和国家的就业教育要求传达给家长，倾听家长的意见，赢得家长的支持，同家长一起为孩子建立科学的就业创业发展规划出谋划策。

另一方面，要加强校企、校校、校地、校所以及国际合作的协同育人机制。企业是用人单位，也是创新创业的基地，通过校企合作，可以为大学生建立就业创业实践平台，在这个过程中，既能发挥就业创业实践平台提高就业能力，还可以通过企业专业人员的言传身教给大学生进行理性的就业创业观念教育。同时，还可以加快大学生创意创新成果的转化速度。通过校校合作，共同分享就业创业教育中的有益经验，相互促进，共同提高。通过校地合作，既能为学生就业创业提供经费支持，还可以为学生解决创业场所的问题。而且地方还可以借助高校的科技创新力量，服务地方经济发展。校所合作方面，科研院所在科技创新方面具有先天优势，通过校所合作，科研院所可以在人才培养、科技实验等方面为高校提供平台，高校也可以为科研院所提供人才支持。在全球化深入发展的今天，加强国际交流合作已成为常态。高校要创造条件，为学生提供更多的走出国门的机会，开阔视野，树立新的就业创业理念。

第三节 “双创”视阈下大学生就业教育制度保障

制度具有根本性和全局性。“双创”视阈下，要彰显大学生就业教育的价值性、保证大学生就业教育目标的时代性、搭建符合要求的大学生就业教育队伍、创新大学生就业教育的方式方法，必须结合现实需要，加强制度建设，通过建立与之相匹配的制度，保障“双创”视阈下大学生就业教育有序推进。根据本次调研中发现的问题，以及针对“双创”提出的大学生就业教育理念和目标、大学生就业教育队伍建设、大学生就业教育模式等，需要建立大学生就业创业教育资源整合制度、建立大学生就业教育师资队伍管聘制度、建立大学生就业跟踪服务制度、建立大学生就业教育效果评价制度。

一、建立“双创”视阈下大学生就业创业教育资源整合制度

资源整合是系统论的思维方式，多用于企业战略调整，是指通过组织和协调，把企业内部相关但又分离的资源进行优化配置，进而使整体最优。大学生就业创业教育资源整合制度，是指对大学生就业教育和创业教育过程中的资源进行优化配置，强制排斥各自为战、相互割裂状态而设立的系列规程、准则和规范。基于“双创”视阈，促进大学生由就业迈向创业的目标要求，推动大学生就业创业教育一体化发展就成为大学生就业教育深化改革的趋向。要实现这一发展目标趋向，必须对当前的就业教育和创业教育资

源进行整合，并加以制度化，以克服就业教育和创业教育“两张皮”问题。

（一）建立大学生就业创业教育资源整合制度的必要性

建立大学生就业创业教育资源整合制度，是补齐大学生就业教育、创业教育自身短板和促进二者和谐共存发展的需要。

1. 补齐大学生就业教育、创业教育自身短板的需要

建立大学生就业创业教育资源整合制度，是“双创”视阈下实现大学生就业教育目标的需要。长期以来，高校在实施大学生就业教育和创业教育过程中，片面地将就业教育和创业教育视为两类不同的教育活动。就业教育主要关注大学生的就业问题，创业教育主要关注大学生的创业问题，在具体实施过程中表现为，就业教育主要传授就业有关的技能和技巧。创业教育主要讲授与创业有关的实践知识和理论，甚至有些高校仅面向商学院、管理学院或有创业意向的学生进行创业教育。而就业教育相关的理论则被视为就业教育的任务，职业生涯规划教育类课程则很少涉及。还比如，高校内部创业孵化基地、创业实践平台等同样仅向少数学生创业开放。同样，在就业教育的过程中也很少涉及创业教育内容，从而造成部分大学生缺少创业精神、创新意识、创新创业能力等提高大学生就业竞争力的基因，这样就人为地造成大学生就业教育和创业教育“两张皮”。实践证明：商学院、管理学院或者现在有创业意愿的学生将来可能不会走上创业之路，现在没有创业意愿的大学生并非以后就不创业。因此，人为地将两种教育资源割裂，既不利于实现就业教育和创业教育的效能最大化，也不利于促进大学生实现由就业转向创业的目标，更不利于大学生实现更高质量的就业。因此，只有实现大学生就业教育资源和创业教育资源的有机整合，合理地优化配置资源，才能实现优势互补。

2. 促进大学生就业创业教育效能发挥最大化的需要

大学生就业教育和创业教育两类资源具有很强的互补性。就业教育中的职业生涯规划教育、就业诚信意识教育等教育内容可以避免大学生在就业创业选择上的盲目性和增强就业创业计划性。创业教育中的创业精神、创新思维等有利于提高大学生的就业竞争力。另外，从就业与创业的关系来看，二者之间也不是彼此对立的关系，而是相互促进的关系，二者统一于

大学生职业生涯发展过程。《国务院办公厅转发人力资源社会保障部等部门关于促进以创业带动就业工作指导意见的通知》(国办发〔2008〕111 号)明确指出,“创业是劳动者通过自主创办生产服务项目、企业或从事个体经营实现市场就业的重要形式”,“促进以创业带动就业,有利于发挥创业的就业倍增效应,对缓解就业压力具有重要的现实意义。”可见,创业与就业之间具有通过创业实现就业,进而以创业促进就业的联动关系。就业与创业统一于大学生职业生涯发展之中,二者的关系决定了大学生就业教育和创业教育是两项需要和谐共进的教育活动。正如有关学者指出的,“对学生进行‘广谱式’的创新创业教育有利于促进学生就业;对学生进行就业教育并帮助其落实合适的工作岗位,有利于学生在就业岗位上积蓄力量,以就业为跳板,走一条‘经由就业走向创业’的道路。就业可以成为创业的台阶和跳板,创业也可以作为就业的基础和平台,二者天然具有衔接性和联动性。”因此,通过资源整合,发挥就业创业教育的互补性,更能体现就业教育和创业教育的价值。

(二)建立大学生就业创业教育资源整合制度要解决的问题

建立大学生就业创业教育资源整合制度,主要致力于解决大学生就业创业教育机构的整合、就业创业师资力量的整合、就业创业课程体系的整合。

1. 致力于就业创业教育机构的整合

就业创业教育机构是现阶段推动大学生就业教育发展的基本保障。就业创业教育机构整合是指将就业指导服务机构和创业教育管理部门实现的整合。实现两个机构的整合,是统一调配教育资源、制定教育规划、共享教育平台的首要任务。从目前高校的就业教育和创业教育部门的组织架构来看,有些高校实行的是就业机构和创业机构合并设立就业创新指导中心,负责全校的就业创业教育;有些高校则实行就业服务中心负责就业教育,由单独设立的创业学院或者挂靠商学院、经管学院负责创业教育。根据杨晓慧等教授进行的调查,数据显示,目前我国有 27%的高校开设了大学生职业生涯规划与就业指导和大学生创业学导论两门课程。但在组织形式上,大多数高校采用的是就业创业中心负责授课,部分高校由商学院或经管学院负责授课。实际上,这两种授课形式都存在一定的问题,因“就业率”考核指标压力，就业创业服务中心多偏重就业教育，创业教育往往流于形式。因缺乏明确的考核指标，采用商学院或经管学院授课的形式又会偏重创业教育而忽视就业教育。因此，从促进大学生就业转向创业的目标出发，只有实现机构的整合，建立就业创业教育一体化机构，统一组织领导、共享实践平台、共享信息服务等，才能真正促进就业教育和创业教育的和谐共存。

2. 致力于就业创业教育师资力量的整合

师资力量的整合是指优化选择就业教育和创业教育师资，搭建兼有就业教育和创业教育能力的师资队伍。师资队伍是大学生就业教育和创业教育的组织者和施教者，将在一定程度上决定着大学生就业教育质量。就业教育和创业教育的特殊性，要求就业创业教育教师必须具有三种素质：能讲课，拥有广而深的知识；能咨询，拥有精而专的实践技能；能实战，具有丰富的就业创业实战阅历。但是从当前我国就业创业教育师资力量来看，并不令人满意，主要表现为师资队伍明显不足、教师学缘结构复杂、队伍专业化水平不高。尽管教育部门通过培训、交流互动等形式以提升大学生就业教育队伍的整体质量，但是培训培养的普及范围仍然有限，难以满足队伍质量提升的迫切要求，难以适应“双创”视阈下创新创业人才培养的要求。因此，利用现有的条件，整合校内专职教师、校内兼职教师和外聘教师就成为应对目前创新创业人才培养的迫切要求。

3. 致力于就业创业教育课程的整合

课程整合，是指通过重新组织、设计并形成一套集就业理论与创业理论于一体，并用于指导就业实践和创业实践的综合性、实践性和开放性的就业创业教育课程。就业创业教育课程是在整个就业创业教育系统中处于核心地位，对观念体系、实践体系、支持体系和评价体系都能提供支撑。重点开展大学生就业创业教育的课程体系开发，构建符合我国国情、校情和学情的就业创业教育课程。这是基于我国大学生就业创业教育整体质量不高的现状。经过多年的努力，虽然已拥有较为完善的大学生就业创业教育政策体系，积累了较为完善的实践经验，但是尚未形成科学完整的课程体系，尚未涌现出丰富的高质量的精品教材。要落实国家关于创新创业对创新创业人才的需求，就必须集中各种资源和力量，设计一套符合我国国情和大学生实际的就业创业课程。这也是实现大学生就业教育由经验型向理论型提升的需要和促进就业教育学科化发展的需要，更是推动大学生由就业迈向创业实现就业教育目标的需要。

（三）建立大学生就业创业教育资源整合制度的实践要求

大学生就业创业教育资源整合要避免中梗阻，就必须将就业工作“一把手”工程落到实处，做好顶层设计，以创新创业人才培养的理念组织资源，通过创新体制机制，调动各方积极性，形成协同育人的合力。

1. 落实就业工作“一把手”工程，做好顶层设计

就业工作“一把手”工程，就是要求高校校长要在学校党委的领导下承担起大学生就业工作的首要责任。就业工作“一把手”工程，体现了党和政府对大学生就业工作的高度重视，要整合资源，必须发挥“一把手”工程的优势，做好顶层设计，一是要建立就业创业教育专职机构。这一机构要在校长任组长、分管校领导任副组长、有关部门负责人参加的工作领导小组的指导下开展工作。并为其开展就业创业教育提供充足的资源，在师资力量的配置、经费的分拨、对外交流合作等方面提供全方位的支持。这样就能克服将就业教育和创业教育分工负责而产生的弊端。二是经费整合保障。就业创业教育经费是保证就业创业教育稳序推进的重要因素，一方面要划拨充足的经费保障就业创业教育工作的开展，同时通过各方力量筹措资金，为大学生创新创业活动提供必要的经费支持。另一方面，创新经费的使用机制。形成更加合理的就业创业经费使用规范，剔除一些不必要的烦琐手续，以多种形式为创业的大学生提供资金支持，提高扶持资金的使用效益。三是整合就业创业实践平台。实践平台是大学生开展就业创业教育的活动场所。这就需要通过政策支持，打通就业创业实践平台，就业意向和创业意向的大学生都能共享平台，为学生提供一站式服务。这就能更好地实现经由就业转向创业，创业带动就业的目标。因此，要通过顶层设计实现机构、场地、经费和人员的四到位。

2. 以培养创新创业人才为理念组织整合资源

培养创新创业人才是“双创”的根本要求。大学生就业教育在培养创新创业人才过程中同样发挥着重要的作用。培养创新创业人才与传统的以提高“就业率”为主要目标的就业教育在资源需求上具有明显差异。创新创业

人才的显著特征是具有创新精神、创业意识和创新创业能力。因此，必然需要根据这些特征组织整合资源。一是要整合课程资源。在现有就业教育课程和创业教育课程的基础上，由相关专家学者和行业企业优秀人士联合编写具有先进性、科学性和适用性的就业创业教育教材。并在此基础上，结合"双创"时代形势，形成新的课程体系。二是要整合教师资源，在通过教育培训现有就业创业师资的基础上，挖掘专业教育教师的创新创业教育能力。同时，吸收社会创业成功人士、知名科学家、企业家、风险投资人等构建更具专业性的专兼职教师队伍。三是整合就业创新创业活动资源。目前，高校内部各类就业活动、各类创新创意竞赛活动、创业活动形式多样，五花八门，尽管都打着创新创业的旗号，但是时效性不高。"在实践中，同一所院校中功能相同或相似的学生社团并存的现象比较普遍，尤其是娱乐性、体育性社团较多，而最具有创新功能的学术科技型社团较少。"同样，在高校内部各种被冠以创新、创意大赛、科技文化节等项目的比赛或竞赛，实际上形式高于内容，因活动组织吸引力问题，很多活动成为学生干部或少数人自娱自乐的活动。因此，从培养创新创业人才的角度来看，加强对学生活动社团、各类竞赛的资源整合就成为必须直面的问题，这同样需要在制度上加以落实和规范。

3. 调动各方积极性和创造性，形成协同育人的强大合力

就业教育的主要任务在高校内部完成，但教育的平台和资源却要依靠政府、社会、企业共同提供。如何协调和汇聚资源使其形成合力共同为学生的就业创业和发展服务，是大学生就业教育必须要解决的问题。因此，通过制度建设加强协同形成合力是实现资源整合的主要任务。这就要求：一是创新绩效考核机制。将就业创业教育现状与绩效考核直接挂钩，从制度上保证教师承担起就业创业教育主体责任。同时，也激发他们创新创业的积极性，带领学生创新创业。二是考核评价机制，将就业创业教育贯穿教育教学全过程。大学生就业创业教育是一项系统性工程，单靠某一个部门的力量很难奏效，这就需要通过制度落实，在教育教学评价中体现就业创业教育的要求，将就业创业教育转化为高校全体成员的责任，以就业创业为核心，开展教育教学工作。这样就能避免专业教育与就业创业教育相脱离的问题。三是制定校内与校外的协同机制。随着国家出台"大众创业、万众创

新”系列政策，这为政府、高校、企业、社会和个人建立广泛的密切联系提供了政策条件。政府需要调动青年大学生和高校教师的创新创业积极性，企业需要高校的知识成果，社会和个人同样可以在此链条上获益。从高校的角度，就要求通过设立专门对外联系机构，在联系方式、内容、形式上加以制度化，以为学生就业创业搭建大平台、汇聚大资源，为学生的长远发展奠定基础。

二、建立“双创”视阈下大学生就业教育师资队伍管聘制度

大学生就业教育师资队伍管聘制度，是指高校对大学生就业教育教师所采用的管理方式和聘用方式，并通过制度化的形式，明确双方的职责和任职权限。目前我国对于就业创业教育不可以说是不重视，国家发布的号召和教育部下发的文件使高校就业创业教育已有一定的发展，但是推进师资队伍建设的保障体系建设的政策尚显不足。因此，推进大学生就业创业教育师资队伍管聘制度建设就成为“双创”形势下加强和改进大学生就业教育的迫切要求。

（一）建立大学生就业教育师资队伍管聘制度的必要性

要落实“双创”视阈下大学生就业教育队伍职业化、专业化和专家化建设，保证大学生就业教育队伍的质量，必须从制度上加以规范。根据“双创”的要求，结合目前大学生就业教育队伍的现状，建立健全大学生就业教育队伍管聘制度具有必要性。

1. 保证大学生就业教育师资队伍规范化发展的需要

“双创”视域下人才培养的新要求和经济社会形势发展的新趋势，客观上要求大学生就业教育要实现科学化。要实现就业教育的科学化，必须保证就业教育队伍的规范化。规范化是提升大学生就业教育质量的基本要求。如果不能实现队伍的规范化建设，大学生就业教育队伍仍然会停留在“召之即来挥之即去”的粗放式管理阶段，大学生就业教育的质量必然难以保证，创新创业人才的培养目标必然难以落实，要推动大学生转变就业观念实现由就业转向创业的目标必然难以实现。因此，只有实现大学生就业教育师资队伍的规范化发展，才能保证大学生就业教育目标的实现。

2. 提升就业教育师资整体素质和能力的需要

目前,以辅导员为主体的大学生就业教育师资队伍的素质和能力与培养“双创”的要求不相适应。从目前大学生就业教育队伍的遴选来看,具体可操作的办法不多,主观随意性较大,表现为教育师资队伍的构成多以兼职为主,在这些兼职队伍中,又以辅导员和各类行政人员居多。显然,这种主体构成结构,无论是知识水平还是能力素养,都很难保证教育教学效果。要从总体上提升大学生就业教育队伍的能力和素质,必须从建立严格的职业资格准入制度入手,通过有效的系统化培训,才能提升大学生就业教育队伍的素质和能力。

3. 提高就业教育师资队伍积极性以稳定队伍的需要

马克思说:“人们为之奋斗的一切,都同他们的利益有关。”从现有的职称评定来看,职称同个人利益直接挂钩。职称评定是解决教师职业发展的问题,是稳定队伍加强教师队伍建设的一个重大举措,但是从当前职称评定情况来看,目前尚没有出台专门针对该专业群体的职称。长期从事一线指导的就业教育教师仍然按照自身所学专业回归到所在学科,显然这对该群体来说毫无优势可言。由于职称同利益密切相关,不解决职称问题,意味着待遇会长期得不到提高,这对队伍的稳定和就业教育队伍的发展都会产生不利的影响。因此,通过建立专门针对大学生就业教育教师的职称评定制度,是稳定和发展这支队伍的需要。

(二) 建立大学生就业教育师资队伍管聘制度要解决的问题

根据“双创”视阈下大学生就业教育队伍存在的问题,建立健全大学生就业教育师资队伍管聘制度,需要着力于入职资格准入制度、专业技术职务评聘制度、师资队伍日常管理制度建设。这三项制度分别解决队伍专业结构和能力素质问题、队伍的稳定发展问题、队伍的教育质量提升问题。

1. 建立严格规范的入职资格准入制度

要推动大学生就业教育教师的专业化和专家化发展,必须严把入口关,通过制定严格的资格准入制度,保证入职教师的能力和水平。由于目前许多高校就业教育教师以辅导员或就业工作行政人员为主,因为该类人员流动性较大,专业性不强,平时又大多数忙于各类事务性工作,对社会经济社会发展形势和学生实际就业情况把握不准，这就很难保证就业教育的科学性、专业性。因此，要提高大学生就业教育的质量，首先要从严格职业准入制度入手。也就是说，大学生就业教育要实现科学化，就必须将传统的就业教育队伍从“游击队”变成“正规军”。

2. 建立专业技术职务评聘制度

当前，职称同实际利益密切相关，如果大学生就业教育教师的职称、待遇问题长期得不到解决和相应提高，这对于队伍的稳定和大学生就业教育的质量都会产生不利影响。所以，加强大学生就业教育这门科学的研究和宣传，使权威机构和全社会认同这门科学，促使党政领导机关和专家学者们积极地为大学生就业教育者解决职称问题，是稳定这支队伍的迫切需要，更是提高这支队伍素质和能力的迫切需要。可以说，制定大学生就业教育教师独立的专业技术职务评聘制度，是促进大学生就业教育队伍职业化、专业化和专家化发展的必然要求。

3. 建立就业教育教师日常管理制度

大学生就业教育教学能力不仅要体现在课堂上，还要体现在日常的就业创业社会实践中，建立灵活的师资队伍日常管理制度就显得尤为重要。首先，这是提高就业教育教师能力的需要。要促进大学生由就业迈向创业，就要求就业教育教师不仅具有就业教育能力，还具有一定的创业教育能力。因此，必要的就业创业实践锻炼就显得尤为重要。而且国务院相关文件明确要求“要建立创新创业教育专职教师企业挂职锻炼制度”。通过必要的挂职锻炼和企业见习可以更好地把握就业和创业形势，更加敏锐地把握市场变化，进而提升就业教育能力的需要。另外，带领学生创新创业的需要。在现行的制度下，国家鼓励高校教师带领学生创新创业。由此，就客观上要求推进现行的教师管理制度改革，制定更加灵活的教师日常管理制度，尤其是就业创业教育专职教师，在推动大学生创新创业的过程中发挥着指导者和枢纽的作用。所以，制定灵活的管理制度显得尤为必要。再者，做好就业服务促进学生创业成功的需要。大学生就业教育教师不仅是带领学生创新创业的引领者，还是推动学生创新创业的帮扶者。也就是说，不仅要将学生“扶上马”去创新创业，更要做好帮扶工作“送一程”，以促进创业的成功，提升学生的创业信心。因此，时代发展的要求和创新创业活动的特殊性就客观上要求建立灵活的就业教育教师日常管理制度。

（三）建立大学生就业教育师资队伍管聘制度的实践要求

在实践上，要建立大学生就业教育师资队伍管聘制度，就要结合“双创”实践的特点，创新入职资格准入制度、专业技术职务评聘制度、师资日常管理制度。

1. 建立严格规范的入职资格准入制度的要求

在具体实践中，一方面，依据是否具有就业或创业教育资格证书作为入职资格。在我国，如国家有关部门组织认定的职业指导师、职业咨询师、创业指导师等，可以根据是否获得资格证书作为入职基本条件。比如，由人力资源和社会保障部负责，中国就业培训技术指导中心牵头的职业指导师，该职业主要是为求职者就业、职业发展和用人单位合理用人提供咨询、指导及帮助，共设四个等级，从低到高依次为职业指导员（国家职业资格四级）、助理职业指导师（国家职业资格三级）、职业指导师（国家职业资格二级）、高级职业指导师（国家职业资格一级）。符合申报条件者，经过系统培训，经系列考核，可以取得各等级职业资格鉴定的职业指导师称号。不仅要获得职业指导资格证书，也应该参与过创业教育类的系统培训，并获得资格证书，可以作为入职的条件之一，这是提高就业教育教师能力和水平的基本要求。

另一方面，从就业创业相关或相似专业中选拔就业创业教育教师。主要是在思想政治教育类、管理类、教育学类、金融类等专业中选拔倾心就业创业教育事业的专职教师。同时向社会公开征集优秀企业家、杰出校友、风险投资家等组成就业创业兼职队伍，通过校企合作的方式实现兼职队伍的常态化和增强稳定性，并配备具有就业创业实战经验的师资。“纸上得来终觉浅，绝知此事要躬行”，意思是说，间接获取的知识终究是肤浅的，要想真正抓住事物的本质，还需要多实践，多磨砺。马克思指出：“生产劳动同智育和体育相结合，它不仅是提高社会生产的一种方法，而且是造就全面发展的人的唯一方法。”因此，丰富的就业创业经验是保证就业创业教育可以带领学生创新创业的关键。教育部也出台了高校教师考核评价制度改革指导意见，明确提出鼓励青年教师到企事业单位挂职锻炼。可见，这些文件的出台，既为高校就业创业教育教师入职资格制度化建设提供了政策支持，也为鼓励就业创业教育教师参与企业的就业创业实践锻炼提供了机会。

2. 建立独立的专业技术职务评聘制度的要求

独立的专业技术职务评聘，是指大学生就业教育是一项专业性的工作，大学生就业教育教师具有相应的业务知识与技术水平，可以通过职称单列的方式实行聘任。随着科学事业的发展，各行各业的人员都在评定专业职称，这对稳定队伍和提高专业素质起到了重要作用。“要把专业就业指导教师专业技术职务评聘落到实处。”是教育部相关文件对这一问题做出的明确规定。但是由于针对大学生就业教育教师开展专业技术职务评聘尚属于新鲜事物，这就要求在设立之前必须要搞清楚三个问题：一是大学生就业教育专业技术职务的学科归属问题，究竟将大学生就业教育纳入思想政治教育学、教育学、管理学，还是独立成立一门新的就业创业学，都要从理论和实践上加以论证。二是评聘的标准问题。大学生就业教育具有很强的实践性，同专业教育相比在人才培养方式方面具有明显的不同，因此，如何制定科学的评聘标准也需要进一步探讨。三是评聘的方式问题。是根据专业教师的职务评聘方式或参考高校辅导员的技术聘评方式，还是单独创设一套方式，也需要进一步研究。因此，基于以上问题，本书认为大学生就业教育教师由于工作性质的特殊性，在具体的专业技术评聘过程中，主要以大学生就业创业的质量、创业就业、创新创业情况为参考标准，以体现“双创”对大学生就业创业教育的新要求。另外，在评价的方式上，可以借鉴高校辅导员的专业技术职务评聘方式，按照初级、中级和高级给予就业创业教育教师相应的职称。当然，在就业教育尚未成为独立的学科的当下，可先将其归为管理学或思想政治教育学中单列评聘。

3. 建立师资队伍日常管理制度的要求

灵活的师资队伍日常管理，是指专门针对就业教育教师日常管理制定的规范，这是由就业教育教师工作的性质决定的，也是为了更好地促进就业教育教师带领学生创业实践的需要。建立灵活的师资队伍日常管理制度，具体表现在多个方面，但从当前急需解决的主要有：

一是灵活的聘任管理机制。灵活的聘任管理制度是促进大学生就业教育教师“自由流动”的需要。要改变将就业教育教师“一刀切”的管理模式，实行就业教育教师“流动制”（这里的流动是指“交流”）。这里的流动既包括在校内“流动”，也包括校际“流动”，还包括校企之间“流动”等，通过“自由流动”，既提高了自身的就业教育能力，开阔了视野，也有利于实现各校之间就业教育的均衡化发展。实践证明，尽管高校之间学生的总体水平有差异，但是在就业方面，尤其是创业方面，这种差异并不明显。如根据中国人民大学2016年12月28日发布的《2016中国大学生创业报告》，中国学生学历越高，创业意向越低，非重点高校大学生有着更强烈的创业意愿。因此，通过就业教育教师的“流动”，通过传授新思想新观念，促进大学生更好地实现就业创业。

二是建立灵活的休假制度。由于就业教育更强调实践性，可以说，就业教育教师的功夫在课外，这同一般的专业教师的工作时间明显不一致。相对于专业教师的课余时间，就业教育教师要带领学生参加就业或创业活动，显然，如果同其他类教师一样的休假模式，就业教育工作很难开展，因此，只有建立灵活的休假制度，或者休班制度，才能更好地带领学生创业就业。

三是建立灵活的考核制度。大学生就业教育教师的教学成绩较难考核，大学生就业教育教师尽管处于促进大学生就业或者创业“最后一公里”的位置，但是，大学生就业或创业是一项需要协同合力发挥的过程，就业教育教师的教育教学成绩往往难以衡量。另外，因各种不可预知的因素及社会条件等，大学生就业或创业成功与失败，并不能直接反映就业教育教师的教学水平和能力。因此，建立灵活的考核制度，综合多方面因素，以更加全面的方式开展对大学生就业教育教师的考核显得尤为重要。

三、建立“双创”视阈下大学生就业跟踪服务制度

就业跟踪服务制度，是指将就业服务工作延伸到大学生就业创业全过程，通过实时跟踪，及时帮他们解难题把方向，为他们经由就业转向创业解除后顾之忧。就业服务也是就业教育的重要组成部分，这里的就业服务跟踪实质上也是人文关怀的体现。“那些在毕业时选择创业的毕业生，会面临各方面的困难，这是他们最需要帮助的时候，这个时候，他们最坚实的靠山就是母校，在这个时候，学校要通过各种力所能及的途径和方式，对新创企业的毕业生开展援助，为其快速走上正轨提供帮助，以期达到‘送一程’的目的。”就业服务跟踪机制主要解决如何才能将社会所需要的“双创”人才培养落到实处的问题。

（一）建立大学生就业服务跟踪制度的必要性

就业服务跟踪制度的提出，既是基于大学生创业的客观现实需要，也是基于国家政策的要求，更是基于由大学生就业向创业的转化的需要。由学生转向社会人，需要经历思想上、政策上、环境上等多方面的转变和适应，只有进行必要的跟踪服务，才能将大学生创业的想法“落地”。

1. 创业的“时滞效应”要求建立就业跟踪服务制度

创业的“时滞效应”是提出就业跟踪服务机制的根本原因。杨晓慧教授主持的关于“中国大学生创业时机”的调查报告显示：“大学生创业者认同度最高的最佳创业时机是工作1～3年后和在校期间。其中选择工作1～3年后再创业的占36.77％，选择在校期间创业的占33.5％。”也就是说，大学生创业的高发期多发生在毕业后的1～3年里。大学生创业具有明显的时滞性的原因：大学生创业需要面临资金短缺、经验不足、项目难以选择、社会支持不到位等方面的障碍，而选择在工作一段时间后，在资金上、社会经验上、项目选择上等方面将更为合理。因此，创业的时滞性就客观上要求，只有将就业服务延伸到已经毕业离校1～3年的学生群体上，就业转向创业的教育目标才能更好地实现。

2. 就业跟踪服务是高校的职责和能力所在

实施对离校未就业高校毕业生的就业跟踪服务工作已经成为国家推进大学生就业的重要举措和战略任务。近年来，教育部、人社部等有关部门都会专门出台文件要求高校做好对这一群体的就业帮扶工作。也就是说，学生毕业离校并非意味着就业教育工作的终结，高校就业服务工作要延伸到离校未就业大学生群体。离校未就业群体具有自身的特殊性，既是就业困难群体，也是创业潜在群体。做好对这一类群体的帮扶工作是高校的职责所在。同时，做好对离校学生群体的跟踪帮扶也是高校的能力所在，无论从高校教师对学生能力的熟识度，还是高校教师与学生的紧密度，都是其他组织或部门不可比拟的。学生在毕业离校后，仍会与学校的相关教师保持着一定的联系，高校可以通过多种方式实现对学生的跟踪，掌握他们的就业情况和思想动态。因此，实施就业服务跟踪机制既是高校的应然之举，也是能力范围所在。

3. 创新创业的复杂性和风险性要求建立就业服务跟踪制度

创业是一项复杂性和充满风险性的活动。涉及创业项目或创意的选择、创业资金、社会关系、社会舆论、创业风险、创业与学业的矛盾等多方面的原因。而且几乎每一项原因都可能导致大学生创业行动的“停滞”。而且“双创”背景下，作为双创活动重要领域的“互联网＋”，以“众创、众包、众扶、众筹”为特征的创业方式的出现，既增加了创业的机会，也增加了创业的风险。因此，对初涉社会的大学生而言，创业活动变得更加复杂。同时，创业本身也伴随着创新，创新本身又是一项高风险的活动。作为社会创业经验尚显稚嫩和驾驭风险能力尚显欠缺的大学生，一旦出现创新创业挫折，无疑就会造成心理上和思想上的压力，表现为再创业的信心不足，甚至一蹶不振。因此，建立对准备创业学生的跟踪服务就显得尤为重要。通过必要的跟踪，可以发挥高校及教师的组织资源和协调优势，为学生创业实践保驾护航。

（二）建立大学生就业跟踪服务制度要解决的问题

就业跟踪服务制度，就是回答需要对大学生进行哪些方面的跟踪服务，或者说，需要跟踪服务什么。大致说来，就业服务跟踪制度主要着力于思想动态的跟踪服务和就业创业活动的跟踪服务两个方面。

1. 进行思想动态的跟踪服务

思想动态的跟踪，是指通过加强与大学生的联系，掌握大学生的思想动态而进行的思想教育。这是由于生活环境的变化和大学生的思想心理特点决定的。作为长期生活在“象牙塔”中的大学生，在初涉职场和社会的初期，都会出现明显的心理落差和观念转型。这种落差是由多重身份的转变造成的，踏入社会，步入职场，大学生至少会面临三种角色的转变。职业的转变，由学生转变为职业人；人际关系的转变，由同学和师生关系转变为同事和上下级关系；环境的转变，由单纯的校园向复杂的职场社会转变。同时，再加上在社会生活过程中，面临的收入预期的落差、社会地位的差异、生活方式的转变等因素。尤其当这些因素和身份的转变与预期有较大差距时，心理落差就会不断撕裂。不仅如此，社会上的不良思潮和负面因素直接会对大学生思想产生冲击，如西方的价值观念、成功有捷径的所谓“成功学”等。尤其是当前在经济发展进入新常态，改革开放进入攻坚期和深水区的背景下，各种企图扰乱社会主义现代化建设的杂音和噪声此起彼伏。面对“双创”机遇，通过创新创业“一夜暴富”的情况也时有发生。因此，这一时期，如果缺少及时的必要的思想动态跟踪服务，部分大学生可能会陷入思想困惑而不能自拔，甚至会走向歪路和邪路。因此，进行思想动态的跟踪服务，是帮助大学生尽快调整好心态适应社会的需要。

2. 进行就业创业活动的跟踪服务

就业创业活动跟踪服务，是指在大学生就业和创业过程中进行的跟踪服务，目的是帮助大学生提升就业质量和创业的成功率。这是由就业创业活动的复杂性和促进大学生由就业转向创业的“双创”时代要求所决定的。一方面，大学生就业过程需要跟踪服务，从目前大学生就业情况来看，大学生就业稳定性不高。2016 年由清华大学和复旦大学共同完成的《中国劳动力技能缺口研究报告》显示，“新毕业大学生仅 70%就业，且毕业半年内离职率达 1/3。此外，大学生技能结构与市场脱节严重，对工作满意度低。”可见，高比率的未就业群体和离职再就业群体的出现，表明高校的大学生就业教育必须要延伸、要拓展，要建立起对离校毕业生的就业帮扶。否则不稳定的就业状况既影响高校的办学声誉，也会对社会稳定带来不利的影响。由此，在就业教育过程中实施跟踪服务就显得尤为重要。另一方面，大学生创业过程也需要跟踪服务。创业就业对我国高校而言，表现为“创业意愿高但实际行动少”“创意成果多但成果转化少”“理论灌输多但实践平台少”“创业活动多但创业成功率低”。在“双创”背景下，创业活动将变得更加简单，但由此带来的风险也随之增大，尤其是高科技创新创业，风险更高，社会影响更大。这些都客观上要求在创业活动中实施跟踪服务，为学生创业提供精神和物质上的支持，提高创业成功率。

（三）建立大学生就业跟踪服务制度的实践要求

就高校和教师而言，就业跟踪服务制度可采取以高校为主体的协调跟踪、以学生工作教师为主体的对接跟踪、专业导师与学生的“一对一”跟踪。

1. 实施以高校为主体的协调跟踪

以高校为主体的协调跟踪，是指高校利用自身资源优势，协调对接政府、社区、家庭、企业、社会团体等，形成对大学生就业创业的跟踪服务。在我国，高校承担着大学生就业创业的主要责任，大学生就业质量和就业创业情况是衡量高校办学水平和能力的重要指标。同时，开展对大学生就业跟踪也是教育部、人社部等部门对高校的明确要求。大学生就业创业涉及多个部门（如从就业创业政策的制定来看，据不完全统计，先后参与制定就业创业政策的部门共有28家，其中近一半政策是由多部门联合协同制定的）。需要多部门的协同配合才能实现。由此，在开展就业跟踪服务推动大学生就业创业的过程中，如何做好协调工作就显得尤为重要。在这个过程中，对高校而言，要发挥好协调主体的作用，从促进大学生就业创业的目的出发，及时将大学生就业创业情况和信息无缝对接人力资源部门，协同人力资源部门共同推进大学生就业创业。根据需要，协调工商、银行等部门为大学生创业解决资金问题，尽管国家有关于高校大学生就业和创业的政策文件，如《关于继续实施支持和促进重点群体创业就业有关税收政策的通知》《关于加强小微企业融资服务支持小微企业发展的指导意见》等，但要实现政策的落地，高校必须结合学生的就业创业实际，既要将这些文件精神传达给学生，也要做好同这些部门的协调工作，以减少学生在创业过程中出现的不必要的周折。另外，还要协调企业、科技部等帮助大学生解决创新创意成果的转化，通过校企合作、校市相融等方式加速科技成果的转化力度，赢得政府相关部门的政策支持。协调社区、家庭掌握大学生就业创业的最新动态，并从创业场地上、就业环境上、薪资待遇上和思想观念上同社区和家庭进行沟通协调等，进行有的放矢的帮扶。以高校为主体的协调跟踪能为大学生就业创业创造有利的社会资源和条件，能从总体上促进大学生就业创业。

2. 实施以学生工作人员为主体的对接跟踪

以学生工作人员为主体的对接跟踪，是指辅导员、班主任、就业行政人员、教务处人员、后勤人员等就业教育和就业服务人员，要发挥自身联系学生的优势，建立与学生的无缝对接跟踪。从目前来看，这些部门的人员与学生的联系最为密切，对学生的思想动态和就业创业情况的掌握也最为充分，通过发挥这一类群体的主体作用可以实现与大学生的直接对接，提高教育实效和服务效率。在具体要求上，一是要建立对接责任机制。要明确责任分工，在对接的人员数量、对接人员队伍素质、对接的目标任务、对接的奖惩等方面都要建立规章，必要时可以设置专职专岗，专门负责与对接对象进行思想教育和就业创业引领。二是要建立对接沟通机制。与学生对接人员要发挥好上传下达的“桥梁”作用，及时将学生的情况反馈给学校相关部门或相关教师，以最快的速度为学生解决难题。同时，定期或不定期地对学生的信息进行更新，在沟通次数、沟通方式等方面都作出明确的要求，以提高沟通的实效。三是要建立对接监督机制。对接能够取得实效，关键是建立监督机制。监督对接人员的任务落实情况、监督对接人员责任发挥情况、监督目标实现情况等，通过监督提升对接的实效。当然，在对接的过程中，要始终围绕就业创业主题，从精神激励上、物质利益的关心上、创新创业的道路上为大学生就业创业释疑解惑，排忧解难。

3. 实施专业导师与学生的“一对一”对接跟踪

专业导师与学生的“一对一”对接跟踪，是指专业导师要发挥自身专业优势，通过“一对一”的专业服务，带动学生创业就业、创新创业。专业导师具有对接的独特优势，他们具有的专业知识、教学经验、能力结构等都是其他人员所不具备的。国务院出台的《关于深化高等学校创新创业教育改革的实施意见》要求，专业教师也要承担起创新创业的责任，并鼓励带领学生创新创业。同时，在日常的专业教学中，专业教师对学生的专业学习情况和能力层次也最为了解。而且许多高校自入学就实行导师制。因此，这些都为建立“一对一”的对接跟踪提供了条件。在具体的跟踪过程中，一是专业导师可以为学生量身打造就业创业项目，根据专业特长和学生的学业情况，实现在专业领域内就业或创业。二是专业导师可以吸纳学生加入自身的创业团队，带领学生创新创业，在具备一定的创业基础的前提下，鼓励学生独立创业。三是专业导师参与指导学生的创新创业。因经验及专业能力的不足，大学生在创新创业过程中不可避免会遇到这样或者那样的难题，由此专业导师要发挥自身专业优势，为学生剖析创业中的问题症结点，以专业的指导为学生创新创业指点迷津。

四、建立“双创”视阈下大学生就业教育效果评价制度

评价是主体对客体满足需要程度做出的价值判断。大学生就业教育评价是依据一定的标准规范准则，运用科学的评价标准，对大学生就业教育过

程和教育结果进行的价值判断，目的是提高就业教育的质量和引导就业教育的方向。由此，“双创”视阈下的大学生就业教育评价，是指在“双创”这一特定背景下对大学生就业教育活动、教育过程和教育结果进行的价值判断。因此，通过建立科学的评价制度，对于规范就业教育教师的行为，提升就业教育教师的积极性和创造力及就业教育的质量都具有重要意义。

（一）建立大学生就业教育效果评价制度的必要性

“双创”视阈下，建立大学生就业教育效果评价制度，是保证就业教育的方向性、针对性和科学性的需要。

1. 保证创新创业人才培养的方向

“双创”视域下大学生就业教育的理念目标都有新的调整。要通过建立就业教育效果评价以保证创业就业和创新创业人才培养的方向，以推动学生由就业转向创业。“双创”视阈下，经济发展将由要素、投资驱动转向创新驱动，创新驱动实质上是人才驱动，而人才驱动的核心是激发其内在精神动力。由此，大学生就业教育在创新创业型人才培养中发挥着不可替代的作用。党的十八大指出，加快确立人才优先发展战略布局，加大创新创业人才培养支持力度，充分开发利用国内国际人才资源，这为新时期大力培养创新型人才指明了方向。人才资源是第一资源，要实现我国由人才大国向人才强国的转型，就业教育也要通过培育青年大学生创新精神和创业意识为着眼点，助力创新创业人才培养。

2. 保证就业教育内容的针对性

保证就业教育内容的针对性，是指在大学生就业教育效果评价过程中，要依据“双创”视阈下大学生就业教育目标设定就业教育内容。大学生就业及就业教育面临的新问题新挑战，有的放矢地选择评价内容，以保证评价活动具体而深入。“双创”视阈下，大学生就业方式也将出现深刻变化。一是就业方向，随着“一带一路”和城镇化、农业现代化的逐步推进，西部地区和基层将创造出更多的就业岗位。二是就业结构，现代服务业将取代第二产业成为吸纳大学生就业的主要领域。随着“互联网＋”深入发展，传统的就业形势将会彻底改变。三是创新创业成为时代的主题，在大众创新、万众创业的舆论氛围下，国家加大了对大学生创新创业的扶持力度，以创业带动就业成为未来主要的就业方式。同时,工业 4.0、智能机器人、互联网、云平台、大数据时代的到来,也对传统的就业方式带来了深刻的变革,因经济新常态带来就业方式的变革,这对传统的就业观念提出新的考验。换言之,传统的“高就业率”并不代表现时代的“高质量就业”,“未就业”并不代表“无工作”。因此,就业教育的评价内容也需要作出新的调整。也就是说,在具体评价的过程中,要突出大学生创业就业、创新创业等方面的表现。

3. 保证就业教育评价的科学性

科学性是保证评价活动符合事物的本质和规律。推动大众创业、万众创新,并非意味着仅将创新创业情况作为唯一的评价要素,而是要从大学生职业生涯可持续发展的角度开展评价,既要鼓励大学生创新创业,也要教育大学生树立理性的就业创业观念。当前,评价标准存在片面强调就业率而轻视学生职业生涯可持续发展的问题,已经成为阻碍大学生就业教育质量不高的重要原因。因片面强调“创业就业率”,就业教育满足于“短平快”,一味强调“高创业就业率”,追求光鲜的数据。于是,“被就业”“就业率注水”等现象也就甚嚣尘上。显然,如果过分强调“高创业就业率”,忽视学生的长远职业生涯发展,这既违背了就业教育的初衷,也不利于学生和高校的长远发展,更可能危及整个教育事业的发展。因此,评价高校大学生就业教育开展情况和大学生就业教育教师的教育水平,也不能单凭所谓的“创业就业率”,要从“创业就业率”转向“创新创业人才培养”,才能真正使就业教育回归其本质。

(二) 建立大学生就业教育效果评价制度要解决的问题

“双创”视阈下大学生就业教育效果评价,必须要结合“双创”,解决大学生就业教育评价导向问题。换言之,要将传统的以“就业率”为教育导向转向更高质量就业、转向树立理性就业创业观念、转向就业满意度方面,也就是从工具性效果评价转向人本性效果评价。

1. 建立“以更高质量就业”为导向的效果评价

李克强总理指出,提升质量是中国发展之基、兴国之道、强国之策,关系民生福祉,关乎国家形象。显然,提质增效也与“双创”的要求相契合。同样道理,大学生就业教育效果评价理念也应坚持走质量提升之路。长期以来,由于片面强调就业率，致使许多高校未完成就业率，在就业教育过程中，“重技轻德”，将择业技能、择业方法等作为重要教育内容，而事关学生长远职业发展的道德教育、职业理想教育却受到不应有的忽视，犯了本末倒置的错误；在“就业率第一”指挥棒的影响下，各种奇葩的“被就业”现象频出。这既不利于学生的长远职业发展，也有损高校、教师在学生心目中的形象。因此，要想真正转变这种短视的就业教育观念，就必须转变当前“重量轻质”的评价方式。根据党的十八大报告提出的“实现更高质量就业”的目标，作为新时期开展大学生就业教育工作的出发点和落脚点。

2. 建立“培养创新创业意识”为导向的效果评价

经济新常态下，为应对经济发展下行压力，鼓励大众创业、万众创新有利于稳增长和稳就业。深化高校创新创业教育改革是国家实施创新驱动战略，促进经济提质增效的迫切需要，是推进高等教育综合改革，促进高校毕业生更高质量创业就业的重要举措。坚持以创新引领创业，以创业带动就业，是主动适应经济新常态，培养创新型人才，为建设创新型国家，实现“两个一百年”奋斗目标和中华民族伟大复兴中国梦，提供强大人力资源的战略举措。因此，“双创”视阈下的大学生就业教育，要将创新创业作为重要的教育内容，努力培养青年大学生的创新精神和创业意识，发挥就业教育在培养创新创业人才中的作用。在评价标准上，将创新创业教育作为重要的衡量标准，在评价体系上，突出创新创业教育的比重。

3. 建立“高就业满意度”为导向的效果评价

就业满意度（或称为就业幸福感）是指就业期望与实际获得就业岗位之间的契合度。契合度越低，表明满意度越高，反之则越低。不可否认，就业满意度也是就业质量的重要体现，但二者又不能直接等同。就业质量本质上是对社会整体发展状况的一种衡量，强调的是一种客观就业状况。就业满意度，强调的是就业者对自身就业状况的一种主观心理感受。换而言之，就业质量高并不代表就业满意度高，比如，通常认为公务员行业属于高质量就业，实质不然，因为并非人人都乐于从事这一类模式化、行政性的工作。因此，以就业满意度为评价标准，更能突出大学生就业教育以人为本，在就业导向上更强调因材施教，而不是脱离学生的具体实际而一味地鼓励创业就业。常言道，“三百六十行，行行出状元”。无论大学生选择就业还是创业，都要以学生是否满意为标准。

（三）建立大学生就业教育效果评价制度的实践要求

结合“双创”视阈下大学生就业教育的新特点，在大学生就业教育评价方式上可采取比较式评价、第三方评价和发展性评价。

1. 开展比较式就业教育发展状况评价

比较式评价，是指在对自身状况全面把握的基础上，与同类或其他类教育主体进行反复比较，进而得出结论。比较式评价的前提是自我评价。由此，针对“双创”视阈下的大学生就业教育的开展情况比较式评价，在具体比较方面，有就业教育教师之间的比较，也就是就业教育教师之间在教育内容、教学方法、教育的成绩等方面开展的比较，通过比较，达到取长补短，相互促进，共同提高。有各专业教师之间的比较。以是否承担起就业创业教育的责任、创新创业挖潜情况等开展比较。有同类高校之间的比较。同类高校因办学层次相似、人才培养目标等相似，具有很强的可比性，这样就可以通过比较达到相互借鉴的目的。还可以开展与不同类型高校、教师之间的比较，以达到优势互补，均衡发展。当然，在运用比较式评价的过程中，要始终遵循“双创”的政策要求和就业教育的目标，既要注重就业创业量的比较，更要注重就业创业质的比较。通过比较，使大学生就业教育成为管理者办学、教师教学和学生求学的理性认知和行动自觉。

2. 开展第三方就业教育效果评价

第三方评价比较，是指由有经验的专业机构或组织对高校教育质量开展的评价。第三方评价的突出优势是评价结果更具客观性、专业性和高效性。2015 年教育部专门颁发《关于深入推进教育管办评分离促进政府职能转变的若干意见》，部署构建“政府管教育、学校办教育、社会评教育”的格局，充分体现了政府对开展第三方评价的支持。由于第三方评价更具专业性，可以重点开展对大学生就业教育质量的评价。比如，当前麦可思研究院每年都会发布“中国大学生就业报告”，这为大学生就业、高校办学、政策制定者等提供了很好的参考。同样，在大学生就业教育过程中，也可以引入第三方评估机构，对大学生就业教育目标、就业教育内容、就业教育方法、就业专业教育教师的考核、大学生就业创业意愿、高校办学主体的大学理念等开展全方位的质量评价，以为更好地提升就业教育质量提供有价值的参考。

3. 开展发展性就业教育教师评价

发展性评价是指“以促进教师专业发展为目的的评价方式。”由此，发展性就业教育教师评价是指以促进就业教育教师教育教学能力提升为目的的评价方式。实践证明，大学生就业本身就具有复杂性，不能简单地以就业率为标准评价就业教育教师教学效果的优劣。因“大众创业、万众创新”鼓励大学生创业就业，显然，相对于传统的以择业就业，创业就业具有明显的“时滞效应”。另外，“双创”视阈下的大学生就业教育鼓励大学生经由就业迈向创业，都需要经历一个过程，短期内难以见成效。因此，不能简单地以毕业生的就业和创业就业状况作为开展对就业教育教师的评价。只有从发展的角度，比如，以 3～4 年为一个周期，开展对大学生就业教育教师的评价，以更具客观性的方式激发就业教育教师的积极性和创造性。

第六章　大学生创新创业教育与思想政治教育

第一节　思想政治教育融入大学生创新创业教育相关问题概述

一、思想政治教育融入大学生创新创业教育的必要性

当下，大学生创新创业教育发展的瓶颈之一是没有真正了解大学生对于创业教育的需求，导致学生对其评价不高，满意程度较差。因此，其教学任务不能有效完成。通过思想政治教育，能够在一定程度上了解学生对于教育的期待及对于各类课程的真正需求。思想政治教育在大学生的成长成才过程中承担着重要的任务，将其运用到大学生创业教育的全过程，可以有利于为国家培养德智体美劳全面发展的接班人和建设者，为大学生创业教育提供正确思想导向。

（一）为国家培养德智体美劳全面发展的接班人和建设者

马克思指出，“未来教育对所有已满一定年龄的儿童来说，就是生产劳动同智育和体育相结合，它不仅是提高社会生产的一种方法，而且是造就全面发展的人的唯一方法。”习近平总书记在十九大报告上也讲道：“我国教育要坚持立德树人，培养德智体美劳全面发展的社会主义建设者和接班人。”

思想政治教育之所以有必要融入大学生创业教育，是因为大学生进行创业是劳动素质方面得到发展的体现，在此过程中更重要的是使其意志品质得到发展。创业这项活动就是大学生充分发挥自身的独特性与创造性，将生产劳动与智育相结合，提高社会生产，从而能够促进自身的全面发展。大学生创业教育是深化教育改革的一部分，同样也是为社会培养全面发展的建设者和接班人的重大举措。现阶段国家越来越重视大学生创业教育，对其发展也有明确的要求，目的是使其能够充分为人才培养服务。思想政治教育无论是在促进人的全面发展中，还是在为社会主义培养全面发展的人才过程中，都发挥着关键作用。因此，大学生创业教育过程中需要思想政治教育参与其中达到教育目的。将思想政治教育融入大学生创业教育能够增强大学生的创业意识，培养创业所需的意志品质；在实践中进行思想指导，使其认识到通过创业可以更好地承担社会责任，增强大局意识。在思想和实践中提升大学生的综合素质，促进大学生的全面发展，践行立德树人的理念，从而为国家培养全面发展的接班人和建设者。

（二）为大学生创新创业教育提供正确的思想导向

思想政治教育通过教育活动，引导人们形成正确的思想意识、明确的价值取向、合理的行为方式，满足个人发展的需要，从而符合社会发展的需要。思想政治教育为大学生创业教育提供正确的思想导向，使大学生认识世界和改造世界的能力得到提高，在改造客观世界的同时改造主观世界。思想政治教育融入大学生创业教育中要培养大学生发挥自身的主动性与创造性，深化对创业教育的认识，改变固有思想，更好地接受创业教育；在创业实践活动中，用创新的思想与行为改造客观世界；思想政治教育为大学生创业教育指明发展方向，大学生创业教育应坚持爱国主义，要为国家培养全面发展的接班人和建设者，这就要求在学生创业教育过程中，要引导大学生正确处理国家需要和自身利益的关系，能够积极地承担社会责任，树立正确的创业观、劳动观和幸福观。在明确大学生创业教育发展方向的基础上，要根据课程性质设置创业教育内容，合理分配教学重点并能够在教学过程中利用思想政治教育达到真正的教育目的。这样不仅在激发大学生发挥主观能动性方面进行正确引导，还为大学生树立正确的理想信念、道德观念以及创业中所需要的法律法规观念指明方向，更有效地培养大学生创业意志品质，完成其根本任务。

（三）使思想政治教育贯穿教育教学全过程

国家要求高校围绕凝聚人才、培育人才、输出人才的目标，与时俱进，从我国实际情况出发，办出中国特色社会主义教育。高校思想政治教育必须贯穿各类教育教学，这关系各类教育教学中“培养什么样的人、如何培养人、为谁培养人”的问题。因此，把思想政治教育贯穿大学生创业教育，可以使其明确教育目的，完成教育任务。在大学生创业教育过程中，运用思想政治理论能够激发大学生的创业积极性，培养大学生的创业意志品质；在学生的学习和生活中，运用思想政治教育方法，能够了解大学生对于创业教育的真正需求，完善创业教育理论。另外，创业教育过程中的每一个环节都需要思想政治教育为其服务。从教育理论的发展来讲，思想政治教育能够为创业教育提供科学的理论指导，能在一定程度上满足大学生创业的精神需要和心理需要，因此，思想政治教育能够为创业教育的理论发展服务；从实践教育来讲，思想政治教育以马克思主义理论为指导，以世界观、人生观、价值观教育为主要内容，运用行之有效的教育方法从思想层面对大学生进行引导，使其树立正确的创业理想，激发其奋斗精神，以坚定的创业理想做出有利于时代发展和社会发展要求的创业行为，从而达到良好的创业教育效果。思想政治教育贯穿大学生创业教育的全过程，能够推动创业教育理论不断完善和发展，在大学生创业实践教育中培养大学生的创业意志品质，从而达到创业教育的目的。

二、思想政治教育融入大学生创新创业教育过程时存在的问题及原因分析

（一）思想政治教育融入大学生创新创业教育过程时存在的问题

我国大学生创新创业教育起步较晚，仍然处于初步发展阶段，教育理论还有待发展与完善，在教育过程中仅依靠创业理论，忽视了思想政治教育理论对其发展的作用，导致在思想政治教育融入大学生创新创业教育的过程时存在对融入目的认识模糊、教育内容缺乏针对性、教育方法单一这些问题。

1. 对于思想政治教育融入大学生创新创业教育目的认识模糊

在大学生创新创业教育过程中，对学生进行思想层面的教育，是为了促进其创业意志品质的形成，并且能够有创业的意识，使其对创新创业教育有一个客观的认识，更好地承担自身社会责任，引导其积极参与创业活动。但是，在大学生创新创业教育过程中没有重视运用思想政治教育理论，对于其融入大学生创新创业教育的目的也缺乏清晰的认识，只注重讲大学生创业基础知识，对于大学生如何看待创新创业教育，甚至是创业，有没有创业意识、是否拥有正确创业观念等方面缺乏关注，而这些恰好是大学生创新创业教育过程中应该加以重视的问题，不重视思想层面的问题，大学生很难确立明确的创业目标，创新创业教育的实际意义也就无从体现。在大学生创业实践中，思想政治教育的作用没有得到充分发挥，大学生缺乏坚定的创业意志与及时的思想引导，在实践过程中经历困难和挫折便会轻易放弃，对创新创业教育产生怀疑，甚至自我否定和怀疑，对创新创业教育和创业实践活动失去兴趣。综上所述，对于思想政治教育融入大学生创新创业教育目的认识模糊，使大学生在树立创业目标和实践中没有明确的创业价值引导，尽管大学生拥有丰富的创业基础知识，却缺乏良好的创业品质、坚定的创业意志和奋斗精神，创业实践难以取得成功。

2. 思想政治教育融入大学生创新创业教育的内容缺乏针对性

大学生创新创业教育内容不仅应包括专业知识教育，还应加入能够使其意志品质获得发展的内容，思想政治教育中的内容能够为学生的思想发展和意志品质形成服务，但是当前的大学生创新创业教育中缺乏这部分教育内容。在教育过程中存在一种固定的思维，认为创新创业教育中的思想政治教育就是为了帮助大学生能够找到更好的创业思路，缺乏有效的针对大学生创业理想信念的树立、创业奋斗精神的激发、创业品质的培养、良好心理状态的保持等思想政治教育内容。

第一，教育过程中没有充分了解大学生的创业心态，导致教育内容缺乏针对性。当前很多大学生对原生家庭依附性较强，不愿走出养尊处优的舒适圈，缺乏勤俭节约、艰苦奋斗的意识，求学的目的大多数也是为了寻求一份稳定的工作，这也是缺乏社会责任感的一种表现。而目前一些创新创业教育工作者，并没有很好地把握学生的创业心态，更没有针对这种创业心态开展相应的教育，导致教育内容缺乏针对性，思想政治教育融入大学生创新创业教育的效果不能明显体现出来。

第二，教育过程中忽视了大学生发展的阶段性，没有根据他们的需要设定教育内容。教育者对于不同年级的学生往往采用同样的教育内容，忽略了其发展的阶段性。对于刚刚入学的大学生，在思想层面要让他们对于创业有一个正确的认识，着重激发他们的创业意识、创业精神。对于已经接受创新创业教育的大学生，要鼓励他们参加创业实践活动，引导他们承担社会责任等，这样的教育内容才具有一定的针对性。在大学生创新创业教育过程中没有充分了解大学生关于创业的心理发展差异性，导致教育内容缺乏针对性，因此在一定程度上导致学生不重视创新创业教育，也没有意愿参与创业实践活动。

3. 思想政治教育融入大学生创新创业教育的方法单一

教育方法的单一性主要体现在课堂教学中，大多数采用理论灌输法，只是将思想政治理论知识按照计划进行单一性输出，忽视运用其他方法与学生进行交流互动。在实践教学中，只是运用创业案例，从中总结与专业相关的经验，对大学生进行指导，没有及时运用思想政治教育方法，对其思想进行引导。

第一，在创新创业教育课堂教学中，教育工作者大多数采用理论灌输法，按照固定的教学计划和单一的教学模式进行思想政治教育，很少运用其他教育方法与学生互动交流。教师输出的理论知识一般得不到同学的积极的回应，教师也没有去了解学生的真正的想法，长此以往，使得思想政治教育融入大学生创新创业教育的效果一般。经常出现的一种情况是：大部分创新创业教育教师进行思想政治教育时过于注重思想政治教育理论的讲解，没有将相关的思想政治教育理念和要求融入创新创业教育，忽视了大学生的独特个性和心理感受，没有积极接收到学生的反馈，没有重视大学生创业综合素质的培养，导致思想政治教育没有很好地服务大学生创新创业教育。

第二，思想政治教育方法没有充分运用到创业实践中，导致大学生的创业意识和创业精神得不到最大程度上的激发，大学生的创业实践能力不能得到明显提高。理论与实践是相辅相成的，创业活动是一种实践，没有经过实践的理论如同纸上谈兵，正确运用思想政治教育方法可以激发大学生的创业热情，引导大学生进行创业实践活动。一部分大学生创新创业教育者在教学过程中，更多的是谈创业实践案例，而没有利用思想政治教育的功能，鼓励大学生进行创业实践。另一部分大学生创新创业教育者过度重视创业实践，忽视了利用思想政治教育方法可以有助于培养大学生创业的意志品质，而良好的意志品质是大学生创业实践取得成功必不可少的要素之一。在大学生创新创业教育过程中，单一地进行思想政治教育理论知识的灌输以及采用单一的方法对大学生创业实践进行指导，都不能调动大学生对创业的学习热情和实践积极性，因此大学生的创业意志品质得不到有效培养，创新创业教育也很难取得令人满意的成果。

（二）思想政治教育融入大学生创新创业教育存在的问题原因分析

思想政治教育融入大学生创新创业教育中问题的出现是多种因素造成的，只有深入分析导致问题出现的各种因素，才能找到对应的解决措施，大学生创新创业教育才能得到更好的发展。

1. 忽视思想政治教育在大学生创新创业教育中的重要作用

思想政治教育在促进社会主义精神文明建设、落实“立德树人”根本任务方面，尤其是在学生的思想引导、精神激励方面，发挥着不可替代的作用。大学生创新创业教育应重视理论与实践紧密结合，着力培养其创业综合素质，促进其全面发展。显然，这与思想政治教育目标具有一致性。但是现阶段，我国高校开展大学生创新创业教育时忽视了思想政治教育的重要作用，出现诸如大学生创业意识不强、创业素质不高以及缺乏创业精神等问题，从教育本身来说，也没有获得期望的效果。

第一，忽视发挥思想政治教育的导向作用。当下大学生处于文化多元化的时代，容易受到外界意识形态的影响，思想政治教育在大学生心理发展成熟阶段进行积极引导，有助于他们在繁杂的社会环境中保持清醒。思想政治教育融入大学生创新创业教育，有助于引导大学生在创业过程中树立为国家经济发展、社会进步贡献自身力量，为个人发展树立正确的创新创业价值取向，在此基础上，在确立创业目标和实现目标的过程中不断提升自身的社会责任感，承担社会责任。但是，现阶段大学生创新创业教育把侧重点放在创业知识和创业技能方面，忽视了思想政治教育对大学生思想的引导作用，导致创新创业教育效果一般，大学生也没有强烈的创业意识，无法树立正确的创业价值取向。

第二，忽视发挥思想政治教育的精神激励作用。思想政治教育可以运用其手段和方法，直接作用于人的精神状态，使其思想境界得到提升。思想政治教育融入大学生创新创业教育，有助于在思想上提升大学生的创业奋斗精神和思想境界，在创业实践活动中激励大学生克服困难，取得成功。然而，在大学生创新创业教育中无论是在思想上还是实践中，都忽视了思想政治教育的精神激励作用。在课堂上多采用理论教育形式，不能充分激发大学生的创业意识；在实践过程中，把创业实践活动当作教学任务来完成，只注重创业结果，不能充分激发大学生的创业奋斗精神。

2. 创新创业教育队伍的思想政治教育水平有待提高

教师作为学生成长过程中的引路人，不仅要求专业知识过硬，还应具备高水平的思想素质。教师在教学和管理工作中，要传授有利于学生未来发展的知识，更要在思想上引导学生树立正确的三观，提高学生的思想道德素质，将专业知识教育与思想教育结合起来。但是在大学生创新创业教育过程中，创业教师缺乏对思想政治教育的认识，没有在教育过程中运用思想政治教育方法，思想政治教育理论水平与素养有待提高。

第一，部分创新创业教师将自身精力投入创业知识理论的教学中，认为思想政治教育应该由专业的老师负责，没有认识到在创新创业教育中更应该对学生进行思想层面的教育。另外一种状态是，即使对学生进行思想政治教育也缺乏目的性，只将对学生进行思想政治教育当作教学任务来完成，从而忽视了对大学生创业意识的激发和对他们的创业综合素质的培养。

第二，创新创业教育教师没有合理运用有效的思想政治教育方法。思想政治教育以多种教育方法影响学生的知、情、意、行，使大学生的思想水平得到提高，从而达到教育目的。作为创新创业教育教师，要根据市场经济的变化和社会需要的人才标准，思考如何提高大学生创业能力和激发创业精神，大学生应具备什么样的创业品质以及采取什么样的方式让大学生接受创新创业教育，进行创业实践，这不仅要求教师具有深厚的理论功底，还要求教师能够运用各种思想政治教育方法，才能解决大学生对创业的疑虑和困惑，帮助其形成正确的创业价值观。但是在现实中，大部分创业教师对思想政治教育目标的认识模糊，对于其内容了解不准确，不能充分运用其方式和方法，认为自己只承担教授创业知识的角色，思想政治教育在教学中可有可无，或者单纯地进行思想政治教育理论灌输，没有挖掘思想政治教育理论中有利于学生创业综合素质提升的知识；创业教师往往忽视学生的思想动态，缺乏与学生的沟通和交流，不能满足学生的精神需要。而运用思想政治教育方法与学生进行思想上的对话，教育效果往往事半功倍，但是思想政治教育方法在大学生创新创业教育中并没有得到充分利用。

创新创业教师的思想政治理论水平和素养有待提高。教师拥有较高的思想政治理论水平和素养，有助于大学生形成创业的综合品质。但是，创业教师对马克思主义基本观点、思想政治教育基本内容掌握得不够扎实，没有形成思想政治意识，对于“立德树人”的含义没有进行深刻思考，导致在实际教学中创业教师不能有效地将思想政治教育理论渗透到创新创业教育中。

3. 大学生创新创业教育中的思想政治教育机制不健全

思想政治教育机制是指思想政治教育运行过程中各构成要素某种机理形成的因果联系和运转方式。它是思想政治教育构成要素的综合，按照一定方式和规律运行，其功能是思想政治教育各因素功能的耦合，各要素功能之间的衔接、协调运转、健全，思想政治教育机制的功能才能得到良好发挥。

大学生创新创业教育中的思想政治教育的各相关因素包括管理机制、评估机制、队伍机制、保障机制、教育环境等。因此，各要素功能不能衔接起来协调运转，在管理机制中缺乏完善的思想政治教育融入大学生创新创业教育的管理机制与运作机制，教育方向和目标不明确，没有建立健全相关的课程体系和教师队伍。评估机制中，思想政治教育融入大学生创新创业教育的评估内容不充分，没有弄清评估什么，怎样评估，为谁评估以及评估的价值。评估主体单一，多集中于教师和学生双向评估。评估的原则和方法不规范，评估的重点没有放在大学生的创业综合素质是否得到了提高，而是通过考试检验学生是否掌握基础知识。队伍机制中，创业教师的选拔只注重专业知识的掌握情况，而没有对其思想素质进行考察，有些高校甚至没有专职创业教师。一部分创新创业教师缺乏实践经验，没有将理论与实践相结合。保障机制中，高校在人力、财力、物力等方面缺乏对思想政治教育融入大学生创新创业教育的保障。教育环境中，社会、家庭、学校没有形成合力，社会没有形成鼓励大学生创业的氛围，家庭希望孩子毕业后能有一份稳定的工作，学校把大学生创新创业教育当作任务来完成，政府虽然出台了一系列大学生创业优惠政策，但是由于各种原因，学生真正享受到优惠政策的人数少之又少。这些都说明思想政治教育融入大学生创新创业教育中的相关因素还不健全，没有形成完整的机制。

第二节　思想政治教育融入大学生创新创业教育的路径选择

研究思想政治教育融入大学生创新创业教育的途径可以从教育内容上将思想政治教育贯穿大学生创新创业教育全过程；从教育主体上促进创新创业教育中思想政治教育师资队伍建设；从教育环境上要营造大学生创新创业教育的环境氛围。从教育方法上要加强大学生创新创业教育中思想政治教育方法的运用。

一、将思想政治教育贯穿大学生创新创业教育全过程

思想政治教育以其丰富的理论和方法，能够指导各项工作的开展，因此，要将其贯穿各类教育教学全过程。在大学生创新创业教育中，要以马克思主义理论指导大学生形成正确的创业价值观，以理想信念教育培育大学生的奋斗精神，以劳动观、幸福观教育激发大学生的创业意识，以道德法治教育规范大学生的创业实践活动。

（一）以马克思主义理论指导大学生形成创业价值观

创业价值观是价值观的重要组成部分，是创业主体根据自身需要，对创业目标的重要性认识以及在创业过程中对采取的行为方式进行判断和选择的标准。马克思主义理论中的人的全面发展理论和职业价值观理论都对大学生树立正确的创业价值观起着积极的指导作用。

（1）马克思在人的全面发展理论中提到，全面发展是劳动者在体力、智力、道德、精神等方面的发展，从而能够适应职业的变更、劳动的变换和人员的流动。创业作为劳动的一种形式，与其他职业的不同之处在于它是劳动

者将体力和智力进行创新性的结合。在这个过程中，劳动者要发挥自身的主动性，积极进行选择和思考，更要发挥自身的创造性，在实践中将自己的创新想法转化为现实。更重要的是，取得创业成功，劳动者需要有坚定的意志，优良的品质，能够更加遵守道德规范，从而提高自己的精神境界。创业是职业选择的一种，劳动者能够根据市场经济的变化，找到自己发展方向，来适应不断变化。创业能够为其他人提供就业机会，能为社会创造价值，更能促进个人的全面发展。因此，在大学生创新创业教育中，运用人的全面发展理论，能够让大学生真正意识到创业作为一种劳动，一种职业选择，自己能够在这个过程中充分发挥自身创新创业的可能性，适应不断变化的社会需求，并能够在体力和智力得到发展的同时，磨炼自身的意志，提高自身的道德水平，促进创业活动取得成功，从而使自身得到全面发展。

(2) 马克思在《青年在选择职业时的考虑》中强调在职业选择时要重视将自身的个体价值和社会价值相结合。"在进行职业选择时，我们应该遵循的主要原则是人类的幸福和我们自身的完美。"这一观点强调的就是，当青年进行职业选择时，追求个人发展需要的同时，要更加重视实现自身的社会价值。个体价值会注重索取，社会价值强调奉献，二者是辩证统一的。大学生进行创业是职业选择的一种，这种选择可以使大学生在实现个人价值过程中积累财富、提高能力，又不断为社会、他人发展做出贡献，也就是马克思主义理论强调的实现个人价值与社会价值的统一。实现人生价值的标准，是看个人发挥主动性和创造性为社会创造的价值，是否达到个人价值和社会价值的统一。大学生创业是具有创新性和创造性的实践活动，这项活动对于个人、他人、社会都有价值。马克思主义理论可以引导大学生树立正确的创业价值观，挖掘自身潜能，开创自己的事业，为社会和他人的发展做出贡献。

(二) 以理想信念教育培育大学生创新创业的奋斗精神

理想信念是人类特有的精神现象。人们固然需要以物质资料来支撑其生存和发展，但同时还要用理想信念来满足精神需要，积极坚定的理想信念，可以激励人们为之追求的目标不懈奋斗。习近平总书记关于理想信念有许多经典的论述，他说，只有确立了梦想，并且能够为之艰苦奋斗，才能实现目标。这些重要论述也充分揭示了理想信念对于青年大学生个人发展的重要性。在大学生创新创业教育中进行理想信念教育，能够让大学生树立创业理想、坚定创业目标并为之不懈奋斗，在未来的创业实践活动中为克服困难和挫折提供动力；能够帮助大学生树立正确的创业价值观，人的最高理想是能够为社会发展贡献自身的力量，正确的创业价值观可以支撑大学生追求理想，并在追求过程中形成不懈奋斗的精神。大学生无论是选择稳定就业还是选择创业，都需要理想信念的支撑，在自己的工作领域不断奋斗，能够承担起家庭责任和社会责任。

(1) 对于教育客体来说，在大学生创新创业教育中开展理想信念教育，目的就是为了通过理想信念的教育，改变传统就业观念。稳定的工作是大部分人的追求，但是社会责任也应是每个青年人要承担的。选择创业是承担自身社会责任的一种方式，通过理想信念教育，大学生可以确立与自身综合条件相符合的创业目标，明确为何创业，怎样创业，为谁创业，对自己的理想信念选择充分肯定，并且能够解决在创业过程中出现的问题，不惧失败，为自己的选择不断奋斗，并在创业的过程中更加坚定自己的理想信念。

(2) 教育主体在理想信念教育过程中最基本的是要做到通过理想信念教育培养大学生的创业意志品质。进一步在理论上能够帮助有创业意向的大学生对自己的创业前景有一个清楚的判断，并在这个基础上确立具有可行性的目标，并向着这个目标努力，进行不断奋斗。在实践过程中了解他们的思想变化，进行及时指导，使其能够以坚定理想信念支撑创业实践。因此理想信念教育是激发大学生奋斗精神的关键环节，在大学生创新创业教育中加入理想信念教育，能够使大学生形成正确的创业价值观，在他们向着明确的目标不断努力的过程中，更加能提升其创业意志品质和奋斗精神。

(三) 以劳动观、幸福观教育激发大学生的创新创业意识

劳动观是人们对劳动价值和劳动目的等方面的认识，对劳动的根本看法和态度。马克思认为，人的价值的突出特征是人在对象化劳动中的创造性。他把人以体力、智力为社会和他人做贡献，把从事改造客观世界的物化劳动过程称为“劳动是积极的、创造性的活动。”无论是从事什么样的工作，都需要劳动来创造价值，区别在于进行的是简单劳动还是复杂劳动。创业从实质上讲就是具有创造性的劳动，创业也同样是就业，所以这项劳动，不仅可以满足自己的需要，还可以为社会进行再生产活动。在大学生创新创

业教育过程中运用劳动观教育，不仅可以让他们对“劳动”有一个明确的认识，还可以引导学生客观正确地看待劳动与创业的关系，深刻认识创业的意义，激发大学生的社会责任意识以及创业意识，并将创业意识付诸实践。

马克思主义幸福观指出，人生最大的幸福在于奉献，在于为人类谋福利。真正的幸福是个人幸福和社会幸福的统一，后者决定着前者，前者丰富着后者；不仅仅追求物质上的幸福，更注重追求精神上的幸福；通过劳动进行创造价值，不是单纯地享受生活。在大学生创新创业教育中，进行幸福观教育激发大学生的创业意识，引导大学生通过自身创业推动他人创业，从而实现社会创业、国家创业，明白幸福是奋斗出来的，达到个人幸福与社会幸福的统一；缓解社会就业压力，在一定程度上可以为他人提供工作岗位；发挥自身独特性创造价值，承担社会责任，成为合格的国家建设者和接班人；深刻认识创业与幸福的关系，使他们在创业实践活动中深化对幸福的认知，追求更高层次的幸福，收获更多的幸福，在不断提高个人价值的基础上实现自身的社会价值，获得精神上的幸福感。所以，在大学生创新创业教育中开展幸福观教育，不仅可以引导大学生树立科学、正确的幸福观念，更重要的是可以激发大学生的创业意识，并勇敢付诸实践，在实践的过程中理解创业与幸福的关系。

（四）以道德法治教育规范大学生的创新创业实践活动

讲道德，守法律，这是我们从事任何工作所必需的良好品质。加强大学生创业道德教育能够提高大学生的创业道德水平，规范自身的创业行为，促进市场秩序的良好运行；加强法治教育能够提高大学生的创业法律意识，规避法律风险，用法律维护自身的合法权益。在大学生创新创业教育中进行道德法治教育能够有效规范大学生的创业实践活动。

(1) 要加强道德教育。道德教育是对受教育者有目的地施加道德影响的活动，进行道德教育有助于人们磨炼道德意志、树立道德信念以及培养道德品质，这也是人们事业成功所必备的品质。在大学生创新创业教育中加强道德教育可以磨炼大学生的道德意志、树立坚定的道德信念，培养大学生良好的道德品质，使大学生充分认识到道德在创业成功过程中的重要作用，提高自身道德水平，规范自身的创业行为。道德意志坚定的大学生可以抵制外界的诱惑和克服创业中出现的困难。拥有明确的道德信念有助于激发大学生对于个人和社会的责任感。道德品质良好的大学生在创业过程中可以积极地应对风险与挑战，不断提高自己的创业能力。同时，道德教育有助于提高大学生进入社会进行真正创业时处理市场中各种复杂问题能力，大学生具备较高的道德水平也能够促进市场秩序的良好运行。

（2）要加强法治教育。在大学生创新创业教育中加入法治教育内容，首先，可以减小大学生在创业过程中的阻力。进行法治教育可以让大学生对法律法规有清晰的了解，尤其是其对创业流程的规定，在了解创业优惠政策和扶持政策的基础上，通过法律法规了解申请条件和程序，提高创业准备效率，保证创业活动的顺利进行。其次，能够帮助大学生规避部分创业法律风险。大学生在创业初期由于缺少经验和社会经历，而且创业流程中的法律内容复杂，大学生在创业过程中容易出现不规范、不合法的行为，甚至要为这些行为承担法律责任。因此，大学生创业过程中可能会陷入不必要的法律困境。进行法治教育能够提升大学生的法律素养，学会应对法律问题，从而在一定程度上规避创业过程中的法律风险。最后，能够维护大学生的创业权益。大学生通过法治教育学习和了解与创业相关的法律法规，从而能够正确识别创业中出现的陷阱，及时用法律维护自身的合法权益。进行有关创业的法治教育，重点是要培养大学生的法律意识和法律素养，同时引导他们掌握必要的法律实践技能，让自身的创业行为符合法律法规的规定的同时也能够用法律维护自身的权益。综上所述，良好的道德规范有助于大学生创业的法治教育，法治教育也有助于规范大学生创业过程和创业实践的道德行为，二者相辅相成，共同推进大学生创业实践走向成功。

二、促进创新创业教育中思想政治教育师资队伍建设

大学生创业师资队伍包括两个部分，一部分是专业的创业讲师，另一部分是思想政治教育者，促进师资队伍建设，一方面可以吸纳优秀思想政治教育者进入创新创业教育队伍，另一方面要提高创新创业教育队伍的思想政治水平，通过这两种途径来完善创新创业教育师资队伍建设。

（一）吸纳优秀思想政治教育者进入创新创业教育队伍

在大学生创新创业教育过程中，优秀的思想政治教育者应该对思想政治教育和创新创业教育有一定的了解，其中学校领导者对于教育政策有着

深刻的了解又是进行思想政治教育的带头人；思想政治理论课教师的讲授内容涉及创业，他们对于这部分内容比较熟悉；高校辅导员与大学生联系比较多，可以及时了解其对于创业的想法和态度。因此，学校领导、思想政治理论课教师、高校辅导员都是上佳人选。

第一，学校领导者对于教育活动有着清晰的规划，对于学校教育未来发展方向有着明确的认识。他们作为高校的领军人物，更是进行思想政治教育的带头人，对于教育政策、人才培养计划有更加深刻的理解，了解创新创业教育的发展现状，通过与大学生交流与探讨，能够用容易被学生接受的言语和方式方法将创新创业教育的意义与价值进行传播。因此，大学生创新创业教育中需要他们的加入。领导者不仅能用自身经验为大学生提供最有价值的创业意见和创业发展的最新信息，还可以用自身或者他人的奋斗经历激发大学生的创业热情。

第二，思想政治理论课教师是大学生创新创业教育中对其进行思想政治教育的重要组成部分。就业创新创业教育是思想政治教育中的一部分内容，思想政治理论课教师不仅拥有专业的知识，还具有丰富的教学经验，对创新创业教育有一定的了解，能够清晰地认识到创新创业教育的目的，并且能够用丰富的教学经验在思想层面对大学生进行积极的引导。吸纳他们成为教育队伍的一员，这样不仅可以使大学生的创业综合品质得到提高，引导其树立正确的价值观念，还能使创新创业教育理论更加丰富。

第三，大学生创新创业教育中，辅导员是对其进行思想政治教育的关键组成部分。辅导员与大学生联系比较多，可以及时了解其对于创业的想法和态度。他们可以通过思想政治教育内容和方法，在学习和生活中有针对性地展开教育，积极引导大学生正确对待创新创业教育，并能够适时地激发其创业意义，鼓励其积极参加创业实践活动，并能够在活动中利用思想政治教育提升大学生的思想水平，培养其承担社会责任的意识。所以，辅导员有充足的时间更加了解大学生，并且有较高的思想水平，所以他们是创业教师队伍中的关键组成部分。有他们参与其中，不仅可以增加大学生创新创业教育和活动实效性，而且能够提高其创业综合素质。

（二）提高创新创业教育队伍的思想政治水平

教师思想水平在一定程度上影响着教育水平与教育效果。在大学生创新创业教育过程中，创业教师要增强马克思主义的指导意识，为学生在创业知识学习和创业实践过程中奠定科学的思想基础；要有意识地在教学过程中融入思想政治教育，使自身和学生思想水平得到不断提高；创业教师要积极主动地学习思想政治教育内容并与思想政治理论课教师合作，把“立德树人”作为教学的中心环节。

第一，要在教学过程中增强马克思主义的指导意识。创新创业教师必须把马克思主义作为指导思想，学习马克思主义理论，丰富自身的思想理论储备。通过学习理论知识，能够形成正确的世界观，掌握科学的方法论并且在学习过程中使自身的理论水平获得提高。运用马克思主义理论掌握创新创业教育以及学生的发展规律，并能根据发展规律进行教学，为学生在创业知识学习和创业实践过程中奠定科学的思想基础。

第二，创新创业教师要加强运用思想政治教育的意识。在教学过程中，让学生扎实掌握创业基础知识固然重要，但是更重要的是将理论转化为实践，这就需要创业教师在课堂教学中要有意识地加入思想政治教育内容，了解学生的思想动态，激发他们的创业意识、树立正确的创业价值观、引导他们进行创业实践，并在创业实践中加强对大学生的思想政治教育，培养他们的创业奋斗精神，在创业实践中检验和完善创业理论，这也是双方共同学习的过程。在运用思想政治教育的过程中，教师能够提高自身的思想政治水平，其在课堂教学和实践活动中对大学生思想品质的形成发挥积极作用。教师的思想政治水平，在很大程度上影响着学生，运用思想政治教育的过程，就是思想政治水平不断提高的过程，所以创业教师在教学过程中要加强运用思想政治教育的意识。

第三，创新创业教师在教学过程中要把“立德树人”作为中心环节。教师是学生锤炼品格、学习知识、激发创新思维和引导学生奉献祖国的引路人，围绕“立德树人”中心环节，用思想政治教育的内容和方法，在教育过程中使学生的创业品格得到提升、改变传统的就业思维并引导他们承担社会责任。创业教师要积极主动地学习思想政治教育的内容，了解其发展动态，在教育过程中熟悉其方法，并能够结合教学需要加以运用，提高自身的思想政治理论水平；要善于和思想政治理论课教师合作，在合作过程中，学习思想政治理论课教师的教学方法，丰富教育内容。这两种方式，有利于教师在大学生创新创业教育过程中达到"立德树人"的目标。

三、营造大学生创新创业教育的环境氛围

良好的环境氛围，可以促进事物的发展，校园文化氛围和大众传媒营造的舆论氛围，有利于大学生创新创业教育的发展。构建"重在实践"的校园创业文化氛围有利于大学生发挥自身的主动性和创造性，并在活动过程中培养他们的创业意识、品质和能力；大众传媒坚持正确的思想政治教育舆论导向，使大学生身处鼓励创业的氛围中，有助于他们形成正确的创业观念。

（一）构建"重在实践"的校园创新创业文化氛围

构建"重在实践"的校园创业文化氛围的意义在于，使处于这样氛围之中的大学生激发出自身的主动性与创造性，提升自己的创业综合素养。大学生创业实践就是在改造客观世界的过程中不断改造主观世界，这与思想政治教育中所运用的实践锻炼法要达到的目的具有一致性。因此，在校园中开展实践活动时，不仅要注重结合创新创业教育的发展需要，还要在这些活动中运用思想政治教育对大学生进行引导，采取这样的方法，不仅能够满足学生对于创新创业教育的需求，还能在活动过程中培养他们的创业意识与品质。

第一，理论付诸实践，鼓励大学生参加创新创业实践活动。学校可以举办各类创新创业比赛活动，调动学生的主动性与创造性，将思想政治教育目标与实践创新教学联系起来，有目的地培养大学生的创业意识，提高创业能力；鼓励大学生参加国家和社会上组织的各类创业竞赛活动，尊重他们的首创精神，在大学生参加创业活动的过程中，创业教师要参与其中，不仅要在专业上进行指导，还要在思想上进行及时引导，给予学生全方位的支持。

第二，打造创业品牌，创建创新创业型社团。学校要支持大学生进行创业，帮助他们打造独特的创业品牌，用品牌体现创业理念，激发大学生的创业精神，增强创业实践活动的感染力。学校应充分利用创业型社团进行创业中的思想政治教育，开展以创业为主题的社团活动，鼓励和倡导大学生参加创业实践活动，提高大学生的参与度，在这个过程中培养学生的创业综合素质，并能使大学生的创业能力得到提高。

第三，充分利用创新创业教育资源。学校要将教学实践基地、科研基地

等资源充分利用起来，组织有关创业活动，比如调查与设计、模拟创业等活动，在活动过程中感受真正的创业精神，在这一类活动中有意识地进行思想政治教育，更加容易使大学生把所体会到的创业精神内化于心，更加深刻认识到创业的意义所在。通过多种方式在学校中营造有助于创业实践的氛围，能够提升大学生的创业综合品质。

（二）营造有利于大学生树立正确创新创业观的舆论氛围

大众传媒坚持正确的创业舆论导向，有利于形成良好的氛围，提高大学生的创业热情，从而引导其树立正确的创业观。在这个环境中，通过思想政治教育，大学生可以在其中认识到创业的价值所在，创业的方式方法，以及创业不仅仅为了自身，同时也为了国家和他人。所以在这样的氛围中，大学生的创业观念、创业责任甚至创业行为都会受到积极影响。通过网络、电视、报刊等各种媒体让更多人了解大学生的创业故事，弘扬他们在创业过程中表现出的精神品质，减少大学生创业在社会中的偏见，改变人们对大学生创业的传统看法，让大学生在选择创业时不再有思想上的负担；通过大众传媒宣传大学生创业价值，分享优秀大学生创业者的经验，更重要的是弘扬大学生在创业过程中的优良品质，并且引导他们能够积极面对创业过程中的困难和挫折，对创业有一个全面客观的认识，帮助他们树立正确的创业观，在这样的创业舆论环境中，大学生能够在明确创业目标与方向的基础上，树立正确的创业观念。

营造创新创业的良好舆论氛围可以让大学生清晰地认识到自身的社会责任。稳定的工作几乎是每个人的追求，大学生面临工作选择时，趋向于政府、企业、学校，他们认为除此之外的工作缺乏稳定性。但是，在经济飞速发展的时代，任何一项工作都不是一直具有稳定性，能够发挥自身的优势，找准方向，进行具有创造性的劳动，才能保证不被别人替代，创业就是这样的劳动之一。通过创业，不仅能够为社会创造财富，还能够为他人提供就业机会，充分发挥自身的价值，承担社会责任。大学生身处鼓励创业的舆论氛围中，有利于将认识转化为实践，坚定创业理想，并且能够认识到创业是机会与风险并存的一种实践活动，重要的是寻找创业机会，开拓创业思维，大胆进行创业实践。通过这样的方式进行宣传和鼓励，大学生身处良好的创业舆论氛围中，能够在潜移默化中受到影响，深化对于创新创业教育的认识，客观看待创业带来的价值与面临的风险，从而树立正确的创业观。

四、加强大学生创新创业教育中思想政治教育方法的运用

在大学生创新创业教育中运用典型教育法，能够使大学生更加认同创新创业教育，促进其创业意志品质的形成，激发其创业积极性；咨询服务法的运用，可以及时了解大学生关于创业的思想动态，帮助大学生缓解创业压力。

（一）创新创业典型教育法

典型教育也可以称为示范教育，是通过典型的人或事进行示范，人们的思想认识得到升华，思想水平得到提高的一种方法，利用真实发生的事件或者现实生活中的典型人物影响人们的思想，引导人们学习和思考。在大学生创新创业教育中应用典型教育法，结合大学生创新创业教育的发展需要，利用正面的典型人物、事件对其施加影响，能够让大学生在这个过程中，感受到创业的魅力所在，从而使其创业热情得到激发，同时要结合反面的创业典型，总结经验教训。

第一，邀请社会上创新创业成功的精英或企业家校友回母校作报告。学校通过举办创业讲座、创业事迹报告会、创业文化节等一系列新颖的活动，邀请遵守社会和市场的道德和行为规范、获得创业成功的精英或企业家校友代表，分享贴近大学生现实生活的创业故事，并将自身的经验传授给他们，通过这种方式，大学生会比较容易找到追逐的目标，创业的热情也会大幅度提高，更有动力进行创业实践。

第二，给学生讲授在校大学生和刚毕业大学生创新创业成功的典型，同龄人的事例有感染力，具有仿效性。通过他们的创业事迹，展现创业典型的平凡的一面，以及他们在创业过程中经历的艰难，更重要的是创业成功的价值与获得感，这种方式会让大学生更加认同创业，并且能够仿效他们进行创业。

第三，适当利用反面的创新创业典型案例提醒大学生创业过程中要注意的问题，反面典型往往能够加深大学生的学习印象，在这个过程中总结经验教训的同时强调创业中应遵守的道德规范、创业精神品质的重要性更能深入学生内心。因此，大学生创新创业教育通过正面典型的示范与反面案

例的提醒，充分发挥典型教育法的作用，使大学生更加容易接受创新创业教育，激发他们的创业积极性，更重要的是让他们意识到在创业过程中需要有优良的精神品质，才能获得成功。

（二）创新创业咨询服务法

咨询服务法是指思想政治教育者以平等、非强制的方式，运用咨询服务的知识与技巧与对方进行良性互动，增强其自我认知、选择、发展的信心的思想政治教育方法。在大学生创新创业教育中运用咨询服务法是指教育者让大学生对于创业有比较清晰的认识，实时了解国家和学校的创业信息，并在咨询服务的过程中渗透思想政治教育内容。虽然当代大学生身处“大众创业，万众创新”的环境中，但是大部分学生并不真正了解创业的步骤、过程，以及国家对于大学生创业的政策。因此，需要在大学生创新创业教育中采用咨询服务法，并在与大学生的沟通和交流过程中，有针对性地解决大学生关于创业的问题，进行积极的思想引导，达到良好的教育效果。

第一，教育者在为大学生咨询服务的过程中能够及时了解他们的思想动态。对于已经有创业想法的学生，要认真聆听他们的想法、创业计划，引导他们向正确的方向努力，提供一些切合实际的意见和建议；对于创业心存疑惑的大学生，要采取耐心、鼓励的态度，尽可能消除他们心中的顾虑，鼓励学生接受创新创业教育，激发学生创业的热情。

第二，可以让大学生实时了解有关大学生创业的政策。现阶段，国家出台了一些有利于大学生创业的政策，要将这些政策及时让大学生了解，在服务的过程中要借助政府的支持政策客观地说明创新创业教育存在的必要性以及创业的意义与价值，通过隐性教育的方式让他们认识政府对于创新创业教育的重视以及自身应承担的社会责任。

第三，缓解大学生的创业压力。通过咨询服务，及时了解大学生的心理动态，可以在咨询服务的过程中开展创业心理辅导，通过这种形式不仅可以缓解大学生对于创新创业教育或者是创业中的压力，同时在这个过程中所渗透的教育内容会一同进入学生心里，这样会充分发挥咨询服务法的作用。

参考文献

[1] 白小青.新业态视域下大学生创新精神培育研究[D].太原:太原理工大学,2022.

[2] 北京中科创大创业教育投资管理有限公司,中科招商投资管理集团股份有限公司,中关村中科创新创业教育基金会.中国高校创新创业教育发展蓝皮书(2017)[M].北京:冶金工业出版社,2017.

[3] 彼得·德鲁克.创新与企业家精神:Practice and principles[M].蔡文燕,译.北京:机械工业出版社,2019.

[4] 蔡宝来.现代教育学:理论和实践[M].上海:上海教育出版社,2011.

[5] 曹诣晋姊.新时代大学生创新创业教育存在的问题及对策研究[D].西安:西安科技大学,2019.

[6] 陈磊.思想政治教育与创新创业教育的辩证关系审视[J].食品研究与开发,2022,43(23):243.

[7] 陈林辉.新时代高校创新创业教育质量评价的优化路径[J].学校党建与思想教育,2022(22):75-77.

[8] 陈世君.创业教育视角下的思想政治教育创新研究[D].南昌:南昌大学,2010.

[9] 崔梦奇.大学生众创空间设计研究[D].长春:吉林建筑大学,2019.

[10] 邓小平.邓小平文选[M].2版.北京:人民出版社,1994.

[11] 丁亿.增强大学生创新创业教育实效性研究[D].哈尔滨:东北林业大

学，2020.
[12] 杜洁.基于 TRIZ 理论的大学生创新创业能力影响要素研究[D].西安：西安科技大学，2014.
[13] 范俊峰，邓苏心，王海霞.高校创新创业教育与思政教育深度融合刍议[J].学校党建与思想教育，2022(23)：85-87.
[14] 方芳.创新创业教育背景下高校本科生实习问题研究：以 Z 大学为例[D].武汉：中南民族大学，2018.
[15] 方丽娟.思想政治教育视阈下的大学生创新创业教育研究[D].芜湖：安徽工程大学，2017.
[16] 何梅龄.创新创业教育与大学生就业指导的融合[J].中学政治教学参考，2021(45)：87.
[17] 贺腾飞，刘文英.创新创业教育高地建设的现实困境与发展策略[J].国家教育行政学院学报，2022(8)：43-49.
[18] 亨利·埃兹科维茨.麻省理工学院与创业科学的兴起[M].王孙禺，袁本涛，等，译.北京：清华大学出版社，2007.
[19] 胡解旺，欧清华.大学就业教育论[M].长春：吉林大学出版社，2005.
[20] 胡楠楠.基于"大众创业、万众创新"背景下大学生创业教育研究[D].重庆：重庆理工大学，2018.
[21] 胡晓风.创业教育论集[M].成都：四川教育出版社，1995.
[22] 黄晨晨.新形势下高校创新创业教育与思想政治教育融合路径：评《新形势下高校创新创业教育》[J].科技管理研究，2022，42(18)：213-214.
[23] 黄思思，王新宏."互联网＋"时代高校创新创业教育实践路径探索[J].中学政治教学参考，2022(41)：82.
[24] 杰弗里·蒂蒙斯，小斯蒂芬·斯皮内利.创业学[M].6 版.周伟民，吕长春，译.北京：人民邮电出版社，2005.
[25] 阚俊明.高校思想政治教育和创新创业教育协调育人研究与实践[J].食品研究与开发，2022，43(17)：238.
[26] 孔如水.高校思想政治教育与创新创业教育融合问题研究[D].郑州：华北水利水电大学，2017.
[27] 赖美詹.高校创新创业教育对大学生创新创业素质及行为的影响研究

[D].北京:北京邮电大学,2019.
[28] 冷天玖.大学生就业指导与创业教育的多维度研究[M].北京:清华大学出版社,2016.
[29] 李鸿嘉. 生态规划理念融入创新创业教育实践探索[J]. 工业建筑,2022,52(7):262.
[30] 李兴光.创新创业教育对大学生创业意向的影响机制与路径研究[D].北京:对外经济贸易大学,2020.
[31] 列宁.列宁全集(第25卷)[M],北京:人民出版社,1984.
[32] 刘常勇.创业管理的12堂课:机会、资金、团队、风险——12堂创业者和风险管理者的实用教程[M].北京:中信出版社,2002.
[33] 刘刚.大学生创业政策效用评价研究[D].天津:天津大学,2016.
[34] 刘红玉,彭福扬.创新理论的拓荒者[M].北京:人民出版社,2013.
[35] 刘佳.应用型本科高校创新创业教育生态的构建[J].环境工程,2022,40(4):291.
[36] 刘森.思想政治教育引领大学生创新创业教育发展研究[D].景德镇:景德镇陶瓷大学,2021.
[37] 刘镒铖.思政教育与创新创业教育协同育人模式建构[J].中学政治教学参考,2022(43):106.
[38] 刘媛媛.马克思主义实践观视域下的大学生创新创业教育研究[D].淄博:山东理工大学,2017.
[39] 刘中亮,周统建.高校创新创业教育生态场域构建探析[J].江苏高教,2022(10):80-84.
[40] 龙飞.大学生创业教育对策研究[D].哈尔滨:哈尔滨理工大学,2013.
[41] 芦晨.高校大学生社会主义核心价值观培育与创新创业教育融合路径研究[D].桂林:桂林电子科技大学,2020.
[42] 吕俊海.基于校企合作下的大学生创新创业教育研究[D].桂林:桂林理工大学,2019.
[43] 马健生.创新与创业(21世纪教育的新常态)/中国比较教育研究50年[M].济南:山东教育出版社,2015.
[44] 马克思,恩格斯.马克思恩格斯全集一第一卷 [M].2版. 中共中央马

克思恩格斯列宁斯大林著作编译局,编译.北京:人民出版社,1995.
[45] 马克思,恩格斯.马克思恩格斯文选(第5卷)[M].北京:人民出版社,1954.
[46] 马克思.马克思恩格斯全集[M].北京:人民出版社,1963.
[47] 孟凡春,何蕊芯.高校创新创业教育学科化发展论析[J].中学政治教学参考,2022(35):98.
[48] 倪泽杰.协同创新视角下我国大学生创业观教育机制的研究[D].广州:广州中医药大学,2016.
[49] 牛长松.英国高校创业教育研究[M].上海:学林出版社,2009.
[50] 潘柏.高校深化创新创业教育改革的内涵、困境与对策[J].贵州师范大学学报(社会科学版),2022(5):75-82.
[51] 彭钢.创业教育学[M].南京:江苏教育出版社,1995.
[52] 彭鹏程.大学生创新创业引导机制构建的研究[D].南京:南京工业大学,2017.
[53] 邱柏生,董雅华.思想政治教育学新论[M].上海:复旦大学出版社,2012.
[54] 任源钢.我国大学生创业教育研究[D].重庆:重庆师范大学,2010.
[55] 沈壮海.思想政治教育的文化视野[M].北京:人民出版社,2005.
[56] 盛红梅.新时代大学生创新创业价值观研究[D].长春:东北师范大学,2020.
[57] 石华.新时代高校大学生创新精神及培养路径研究:以驻保高校为例[D].保定:河北大学,2020.
[58] 石中英,王卫东.价值观教育[M].北京:教育科学出版社,2007.
[59] 孙建华.关于大学生创业教育的思考[D].南京:南京师范大学,2005.
[60] 孙志鹏.中国大学生创新创业政策协同评价研究[D].郑州:华北水利水电大学,2019.
[61] 唐彤彤.思想政治教育融入大学生创业教育研究[D].沈阳:辽宁大学,2020.
[62] 田翠,姚蕊.高校开展大学生创新创业教育的方法探析:评《大学生创新创业教育与典型案例分析》[J].中国高校科技,2022(7):97.

[63] 汪英晖.我国大学生创业胜任力研究[D].北京:北京科技大学,2018.
[64] 王国静.推动创新创业教育与思政教育同向同行[J].中学政治教学参考,2022(42):85.
[65] 王海波.课程思政视域的创新创业能力培育[J].中学政治教学参考,2022(2):86.
[66] 王洪才,郑雅倩.大学生创新创业能力测量及发展特征研究[J].华中师范大学学报(人文社会科学版),2022,61(3):155-165.
[67] 王洪才.创新创业能力的科学内涵及其意义[J].教育发展研究,2022,42(1):53-59.
[68] 王慧.以思政教育引领与促进创新创业教育[J].中学政治教学参考,2022(47):102.
[69] 王礼湛.思想政治教育学[M].杭州:浙江大学出版社,1989.
[70] 王巍.中国大学生创业融资制度创新研究[D].长春:吉林大学,2011.
[71] 王学智.大学生创业中创新能力养成机制研究[D].合肥:中国科学技术大学,2017.
[72] 王艺昊.当代大学生创新创业思想教育研究[D].重庆:重庆交通大学,2019.
[73] 王占仁."广谱式"创新创业教育导论[M].北京:人民出版社,2012.
[74] 王占仁."广谱式"创新创业教育通论[M].北京:教育科学出版社,2014.
[75] 王占仁.中国创新创业教育史[M].北京:社会科学文献出版社,2016.
[76] 吴松,任荣伟.高校生态文明教育与创新创业教育的协同推进[J].环境工程,2022,40(10):274-275.
[77] 吴亚林.价值与教育[M].北京:北京师范大学出版社,2009.
[78] 习近平.决胜全面建成小康社会夺取新时代中国特色社会主义伟大胜利:在中国共产党第十九次全国代表大会上的报告(2017 年 10 月 18 日)[M].北京:人民出版社,2017.
[79] 习近平.习近平谈治国理政[M].北京:外文出版社,2014.
[80] 习近平.习近平在文艺座谈会上的讲话[M].北京:人民出版社,2015.
[81] 习近平.在庆祝中国共产党成立 95 周年大会上的讲话[M].北京:人民

出版社,2016.
[82] 夏远.研究型高校大学生创业人力资本评价研究[D].北京:北京科技大学,2020.
[83] 徐波.大学生创新创业教育体系构建研究[D].广州:广东财经大学,2018.
[84] 徐萍.高校创新创业教育文化意识培育路径略探[J].学校党建与思想教育,2022(10):76-78.
[85] 许德涛.大学生创新创业教育研究[D].济南:山东大学,2013.
[86] 薛贵先."双创"背景下大学生思想政治教育创新研究[D].扬州:扬州大学,2017.
[87] 雅斯贝尔斯.什么是教育[M].邹进,译.北京:生活·读书·新知三联书店,1991.
[88] 杨冬.大学创新创业教育课程建设的元假设、内在逻辑与系统方略[J].当代教育论坛,2022(4):71-82.
[89] 杨晓慧,等.大学生就业创业教育研究[M].北京:经济科学出版社,2015.
[90] 杨艳琳,娄飞鹏.中国经济发展中的就业问题[M].济南:山东人民出版社,2010.
[91] 杨振兴.大学生创新创业教育的生态化转型[J].环境工程,2022,40(9):341.
[92] 叶忠.教育与就业关系转型研究[M].北京:北京师范大学出版社,2012.
[93] 尹照涵.大学生创新创业人才的培育研究[D].沈阳:沈阳建筑大学,2019.
[94] 于铠搏,张益闻.基于创新创业视角的思政教育[J].中学政治教学参考,2022(10):84.
[95] 余红利.土木建筑专业创新创业教育理论与实践[J].建筑结构,2022,52(17):153.
[96] 袁贵仁.价值观的理论与实践:价值观若干问题的思考[M].北京:北京师范大学出版社,2006.

[97] 张凤娟，潘锦虹. 我国高校创新创业教育政策的范式变迁及其嬗变逻辑[J]. 高等工程教育研究，2022(5)：151-156.

[98] 张进辅，等. 青少年价值观的特点：构想与分析[M]. 北京：新华出版社，2006.

[99] 张立. 新形势下大学生创新能力培养问卷调查及对策研究[D]. 福州：福建师范大学，2020.

[100] 张茂然. 高校创新创业教育参与对大学生创造力的影响研究[D]. 长沙：长沙理工大学，2020.

[101] 张维迎. 大学的逻辑[M]. 北京：北京大学出版社，2004.

[102] 张项民. 创业教育与专业教育耦合研究[M]. 北京：科学出版社，2013.

[103] 张学亮. "双创"视阈下大学生就业教育研究[D]. 重庆：西南大学，2017.

[104] 张一青. 新时期大学生创新创业教育研究[D]. 西安：西安建筑科技大学，2017.

[105] 赵珂. 湖北省高校创新创业教育对大学生创业意向的影响研究：以创业自我效能感为中介变量[D]. 武汉：武汉工程大学，2022.

[106] 赵荣生，唐华山. "五育"并举背景下的劳创融合研究[J]. 学校党建与思想教育，2022(19)：61-63.

[107] 郑金香. 青年价值观的发展[M]. 郑州：黄河水利出版社，2010.

[108] 中共中央马克思恩格斯列宁斯大林著作编译局. 马克思恩格斯选集-第三卷[M]. 3版. 北京：人民出版社，2012.

[109] 中共中央文献研究室. 毛泽东文集(第7卷)[M]. 北京：人民出版社，1999.

[110] 中共中央文献研究室. 习近平关于科技创新论述摘编[M]. 北京：中央文献出版社，2016.

[111] 中共中央文献研究室. 习近平关于实现中华民族伟大复兴的中国梦论述摘编[M]. 北京：中央文献出版社，2013.

[112] 中共中央宣传部. 习近平总书记系列重要讲话读本：2016年版[M]. 北京：学习出版社，2016.

[113] 周豪. 基于创新思维理论的大学生创业智慧培养研究[D]. 南京：南京

理工大学,2018.
[114] 周香均.大学生创客及其平台建设研究[D].昆明:云南大学,2017.
[115] 朱乾乾.大学生创业能力培养问题及对策研究:以A高校为例[D].重庆:重庆理工大学,2020.
[116] 庄岩,刘洋.高校创新创业教师队伍建设路径探析[J].中国高等教育,2022(18):36-38.